うまれる

かけがえのない、あなたへ

豪田トモ

PHP

プロローグ　映画『うまれる』が「うまれた」理由

自分は愛されているんだろうか……。

自分はほんとうにこの父親と母親の子どもなんだろうか……。

物心ついたときから、僕はそう思っていました。

僕には四歳年下の弟がいるのですが、右の目が半分開かない状態でうまれてきたことから、ずっと入退院と手術を繰り返していました。当然のことながら、弟に手間がかかったために、精神的にも、物理的にも、両親が僕の側《そば》にいてくれる時間は少なかったんです。

母親は弟のことで精いっぱい。父親は仕事で精いっぱい。だから、僕は「親の愛情」というものを、何だかよく知らずに育った気がしています。

そんな状態が続くうちに、そもそも自分の存在価値がよくわからなくなってしまいました。

自分はなぜうまれてきたのか、何のために生きているのか――。

思い悩むうち、知らず知らず両親に対して否定的な感情を抱くようになり、反抗期も長引きました。いや、それはつい最近まで続いていたような気がします。

三十歳前後になると、まわりでは、「そろそろ親孝行」なんていっている人たちがいたんですが、僕には「親孝行」という概念が理解できませんでした。どうして何もしてくれない、自分を愛してくれない親に、返さなきゃいけないの？って思ってたんです。

でも、心のどこかで、こういう関係はよくないな、なんとかしなきゃなっていう気持ちもずっとありました。自分と親との関係は、きっと、自分と子どもとの関係に受け継がれる。いつかは結婚をし、子どもができるかもしれない。でも、親のモデルとなるのは自分の両親しかいないから、僕もまた、親の愛情を実感できない子どもを育ててしまうんじゃないか。

そう考えると怖くなり、自分と両親との関係をなんとかしたいと思うようになったのです。でも、そもそも関係を悪くしたのは両親なのだから、親のほうから、「寂しい思いをさせて、悪かったね」と僕に歩み寄ってくるべきなんじゃないか、そう思っていました。

それなのに、両親はいっこうにそんなそぶりは見せてくれない。それどころか、「お前に映画をつくる才能なんかあるわけがない」と頭ごなしにいわれつづけていたことで、さらに両親との距離は遠く離れていきました。

こんな状態でどうすれば親との関係を修復できるんだろう、なんとかしなくちゃ、と思えば思うほど、何をどうすればいいのかわからず、途方にくれる日々でした。

そんなある日、日ごろからお世話になっている方に頼まれて、あるセミナーの撮影をすることになりました。聞けば、池川明先生という産婦人科医師の講演があるとのこと。しかし、おそらく大多数の独身男がそうであるように、当時の僕は、妊娠・出産になんてまったく興味がありません。だから正直なところ、ただ漫然とカメラをまわしているだけでした。

ところが、講演が始まって数分すぎたころでしょうか。先生がこんなことをおっしゃったのです。

「胎内記憶を持っている子どもは、三歳くらいだと三〇パーセントもいる」

胎内記憶――それは、僕が初めて耳にする言葉でした。何だ、それ?と思っていると、先生はさらにこういうのです。

「赤ちゃんたちは、雲の上でお父さんとお母さんを選んでうまれてくる」

池川先生によれば、子どもたちは雲の上から親たちを見ていて、「この人はやさしそうだから」「お母さんを助けてあげたいから」といったような理由で、お母さんのお腹のなかに飛び込んでくるのだといいます。

何だ、そりゃ⁉

その場でカメラを倒しそうになるほどの衝撃を受けました。あまりにも非科学的でファンタジーな話。でも、当時の僕は、なんだか不思議と理解できたんです。

「おれは好きでうまれてきたんじゃない」し、「子どもは親を選べない」と、ずっと思っていました。でも、池川先生の話は、そのまったく真逆《まぎゃく》――子どもが親を選ぶ――の発想です。驚きと、そしてなんともたとえようのない大きな感動で、しばらく手の震えが止まりませんでした。

胎内記憶については当然、科学的な根拠はないし、ほんとうかどうかわからないけれど、もし、僕が親を選んでうまれてきたのだとしたら、いまのぎくしゃくした親子関係は、自分が引き起こしているんじゃないのか。悪いのは、親ではなく自分なんじゃないか……。

そう考えると、いろいろなことが理解できるようになっていったんです。

ああ、弟が大変だったから、僕の相手ができなくても仕方なかったよな。

ああ、お母さん、弟のことは自分のせいだって思っていたから、つらかっただろうな。

ああ、もしかしたら、僕のことをほんとうは愛してくれていたかもしれない。でも、僕がそれに気づかなかっただけかもしれない。

両親のことがすこし理解できたような気がして、否定的な感情がすこしずつ消えていくのを感じました。そして、うまれて初めて、親孝行できる人間になりたいって思えたんです。両親に「産んでくれてありがとう」って感じることができたんです。

「うまれる」ことを映画にしたい！という気持ちが心の底から湧いてきました。いのちという原点に向き合うことで、僕自身、両親との関係を築き直せるかもしれない……。

ただ、突然の思いつきですから、製作資金のアテもありません。どんな映画にしようかという具体的なビジョンもない……。

あれから三年あまり。妊娠・出産のことを知れば知るほど、そして、実際に出産の現場に立ち会わせていただくたびに、その奥深さと神秘に、僕は圧倒されていま す。

胎内記憶というものに出合ったことは、「うまれる」ことのほんの一部にすぎなかったのです。うまれてくること、そして生きることは、まさに奇跡の連続でした。いのちってすごい、奇跡的にうまれたあなたはすばらしいんだ！ということを、一人でも多くの人に伝えたい――。

こんな、僕のいわば個人的な思いに賛同してくださった多くの方たちに支えられ、ついに、映画『うまれる』の製作にこぎつけることができました。

『うまれる』には、胎内記憶にかぎらず、妊娠・出産をめぐるさまざまなドラマが詰まっています。この映画が、人のいのちについて、あるいは親子や夫婦の関係、そして自分自身を見つめ直すきっかけになれたとしたら、僕はほんとうにうれしいです。

僕のように、親に対して否定的な感情を抱いている人、仲違いをしている親子、ちょっとぎくしゃくしている夫婦など、さまざまな理由で難しい関係に置かれている人はいるでしょう。あるいは、生きることに疑問を感じていたり、子どもを産むことを躊躇《ちゅうちょ》していたり、子育てを息苦しく感じていたりする人もいるかもしれません。

そうした人たちに、僕が得たようなポジティブな変化が訪れたら……。

そう願いながら、僕はカメラをまわしつづけてきました。この本は、そうした三年間をまとめたものです。映画の内容の紹介はもちろん、そこで伝えきれなかったエピソードもいっぱい詰まっています。

うまれてきて、よかった。
うんでくれて、ありがとう。
うまれてきてくれて、ありがとう。

全身の細胞全部で、そう感じていただけたらうれしいです。

豪田トモ

うまれる

～かけがえのない、あなたへ～

目次

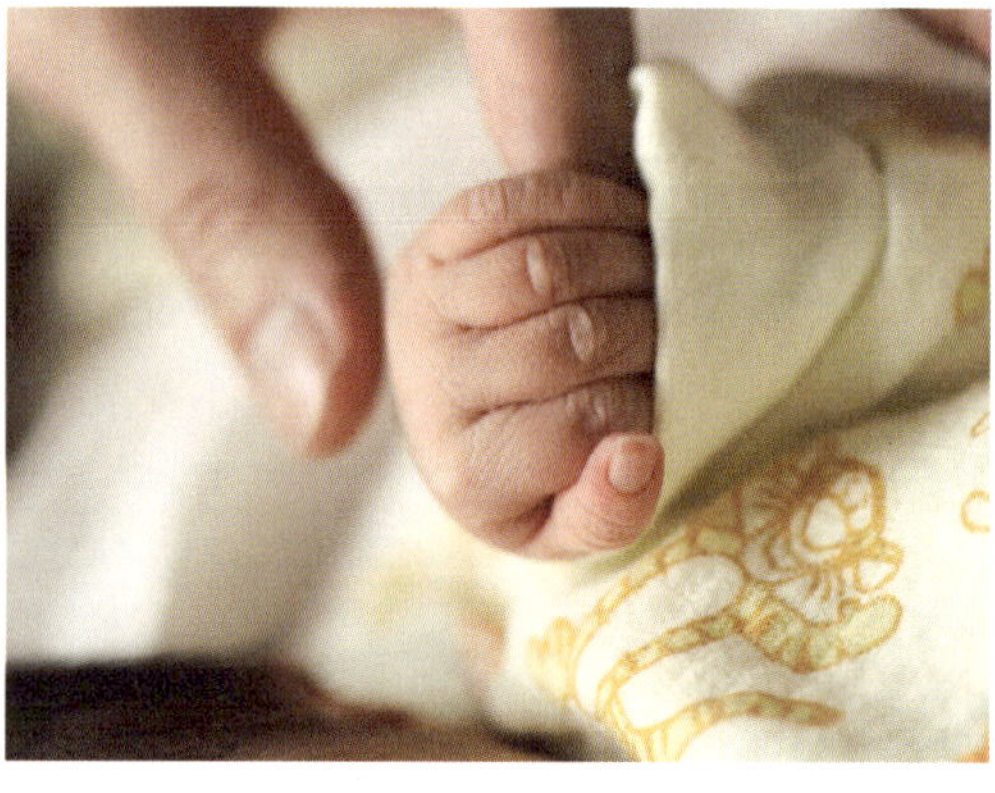

第二章　いのちを授かる

――親になるということ

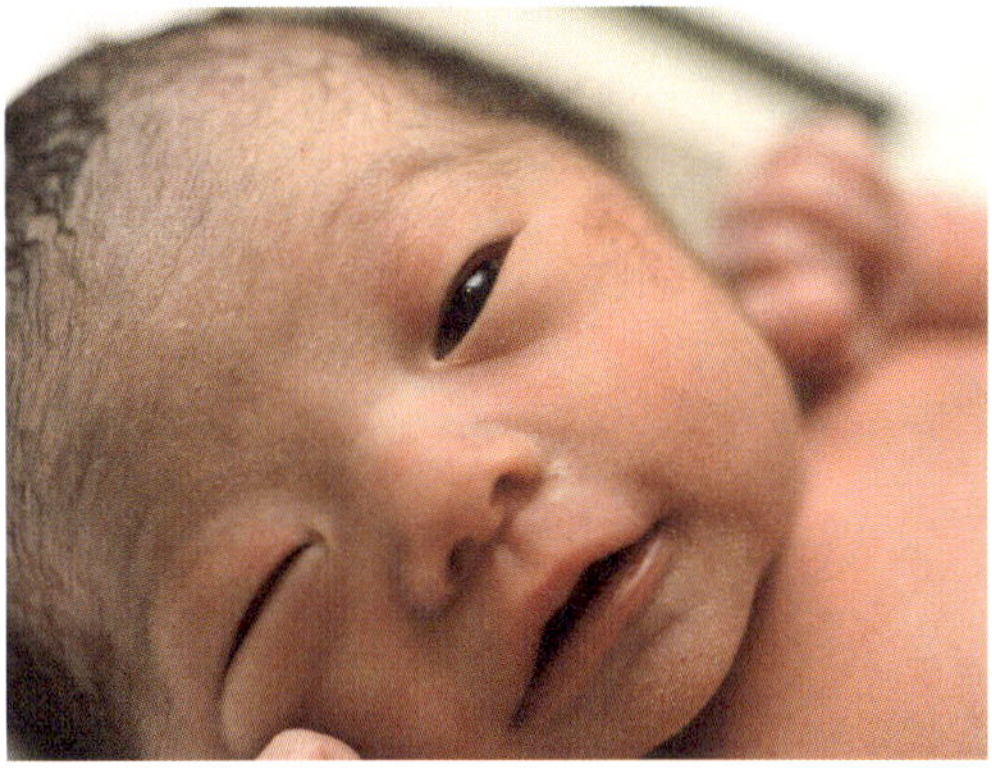

第三章　たしかに存在した小さないのち
――「誕生死」を考える

第四章　二人で迎えるいのち
――男女の役割とパートナーシップ

第五章　医療に救われるいのち
——18トリソミーの虎ちゃんの成長

第六章　女性にとっての「産む」「産まない」
——不妊治療を通して考えたこと

第七章 そして、出産
――新しい自分が「うまれる」とき

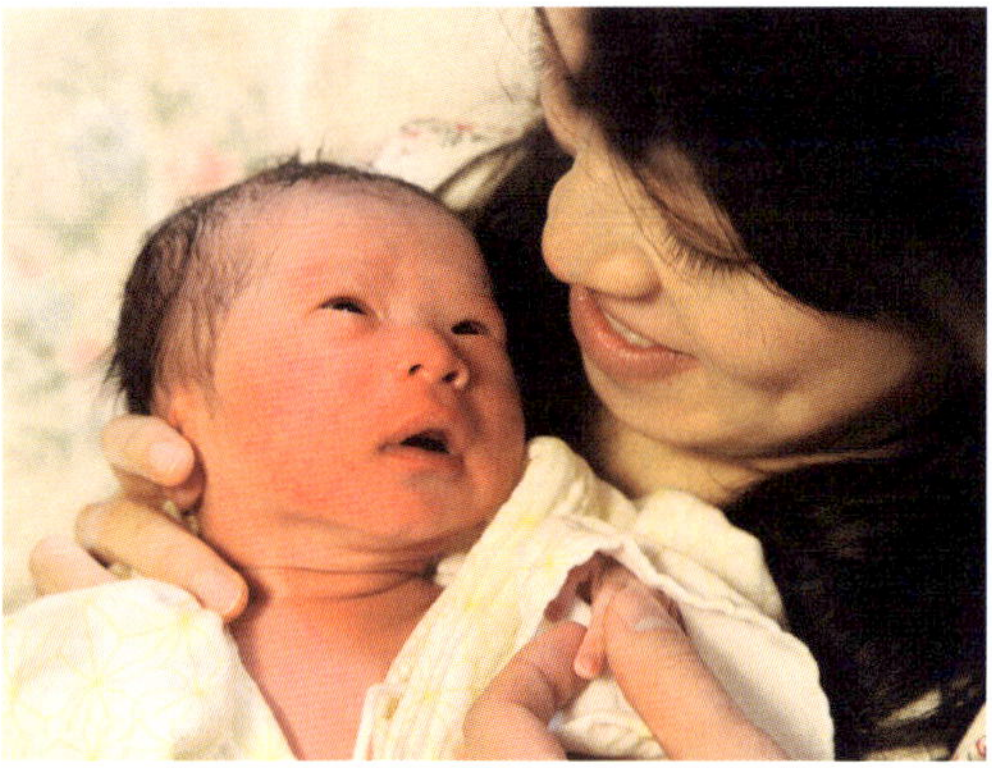

写真：豪田トモ

第一章　胎内記憶と親子の絆

～「うまれる前」の子どもたち～

お腹のなかにいたときのこと、憶えていますか？

子どもは親を選んでうまれてくる――この話を聞いて、とても大きな衝撃を受けた僕は、産婦人科医・池川明先生のクリニックをお訪ねしたり、先生が書かれた本を読んだりして、胎内記憶について調べはじめました。

池川先生によると、三歳前後の子どものおよそ三〇パーセントが、お母さんのお腹のなか（胎内）にいるときの、そしてお腹にくる前の記憶、胎内記憶があるそうです。

僕にとっては初めて耳にする言葉でしたが（最近は認知も高まってきたので、聞いたことのある人もたくさんいらっしゃるかもしれません）、じつは、百年以上も前から世界中で報告されているようです。

しかし、日本では、池川先生が二〇〇一年に全国保険医団体連合会医療研究集会で「胎内記憶」について発表するまで、ほとんど認知されていませんでした。その理由について、池川先生に聞いてみました。

「三歳前後の子ども一〇〇人のうち三〇人くらいが、お母さんのお腹のなかにいたときの記憶があると答えるのですが、聞かれたから話をしたというケースがほとんどなんです。自分から話をしても、『そんなバカなことあるわけがない』とか『非科学的だ』など、すごく否定的な答えが返ってくる。そのため、誰にも話さなくなり、私たちは長いあいだ、胎内記憶の存在に気がつかなかったんだろうと思います」

池川先生がいうように、胎内記憶は科学的に証明できるものではありません。だから当然、「ただの子どもの勘違いだ」という意見もあります。

二〇〇九年に放映された藤原紀香さん主演のテレビドラマ「ギネ　産婦人科の女たち」の原作本『ノーフォールト』（早川書房）の著者であり、昭和大学医学部産婦人科学教室主任教授の岡井崇先生によれば、胎内での赤ちゃんの脳は、光や音を感じることはできたとしても、それがどういうものか判断できるところまでは発達していないといいます。

岡井先生は、次のように語っています。

「妊娠六カ月くらいで、赤ちゃんの聴覚はそれなりに発達していきますが、聞こえているのは、血液が流れる音と心臓の鼓動くらいでしょう。ですから、子どもがお母さんのお腹のなかでのことを憶えているというのは、誰かから聞いたり、何かで見たりしたことを、自分の経験や記憶と錯覚しているだけではないかと思うんです」

たしかに正論です。胎内記憶がほんとうに存在するかどうか、僕自身に胎内記憶がないこともあって、よくわかりません。でも、胎内記憶が真実か否かについては、「どちらでもいい」のかなと僕は思っています。

なぜなら、僕が、「子どもは親を選んでうまれてきた」という話を聞いて、心のなかにポジティブな変化が現れたように、胎内記憶によって救われる人がいるのなら、それでいいのではないかと思うからです。

子どもたちが語った胎内記憶

僕は、自分でも胎内記憶についての取材を始めることにしました。そして、「胎内記憶を持つお子さんの話をスタジオで撮影させてください」と、映画『うまれる』の撮影開始と同時に立ち上げた公式ホームページ上で募集したところ、六二人の方からご応募をいただきました。

お風呂のなかや、寝る前の布団のなかなど、リラックスした環境でないと、子どもたちは胎内記憶を語らないといわれていたので、知らないおじさんたちがたくさんいる撮影現場でどのくらい話してくれるのか、まったく予想がつきませんでした。

そこで、子どもたちが緊張しないよう、楽しい気分になってもらえるよう、たくさんのおもちゃを買い込み、床に風船を敷き、撮影スタッフはかぶりものをし、まるで不思議の国にきたかのような雰囲気をスタジオ内につくりました。

また、せっかくカメラの前に立っていただくのだからと、お母さんにはメイクのサービスをしたのですが、よりきれいになったママを見て、子どもたちも、「きれい！」「かわいい！」と大喜びでした。

その様子を見て、お母さんの顔もまたほころんで……と、なんとも楽しく温かな雰囲気のなかで撮影はスタートしました。

カメラの前でどのくらい話してくれるかなあ、と心配していましたが、いざ蓋を開けてみたら……僕の想像をはるかに超える話がどんどん出てきました。

僕はまず、子どもたちに、「お腹のなかで何をしてたの？」と聞いてみました。

すると……、

「水のなかで、丸まったり回転したりして遊んでた。あとね、紐みたいなのがあったから触ってみた。柔らかかったよ」（六歳・山田隼矢くん）

おお！　水って、羊水のこと⁉　柔らかい紐って、へその緒のことでしょうか⁉

「ママのお腹のなかで、キックしたり、くるくるしたりしてた」（二歳十カ月・浅井海翔くん）

海翔くんは逆子《さかご》だった時期があるそうです。それが、「くるくるしてた」ってことなのでしょうか？

そのほかには、こんな証言もありました。

「（ひざを抱えて丸くなりながら）こんなふうにして、ママのお腹のなかに入ってたよ」（三歳・川上蒼太くん）

「（指で輪っかをつくりながら）こういう小さい望遠鏡で見ると、外が見えた。外が見えると明るくて、楽しくなっちゃった」（四歳・満井光咲ちゃん）

次から次へと飛び出す子どもたちの話に、僕は圧倒されっぱなし。子どもたちの目は、真剣で純粋そのものです。僕の目からは、とても嘘をついているとか、つくり話をしているようには感じられませんでした。

「お母さんのお腹のなかにいるときは、どんな感じだった?」と質問すると、「明るかった」「暗かった」「暖かかった」「冷たかった」と、子どもたちによってまるで正反対の答えが返ってきました。

これも、どれが正解ということではなくて、感じ方は人それぞれ、ということなのかなあと思いました。

脳の発達という面から考えると、胎内記憶は存在しないことになるようですが、音を聞き分けたり映像をとらえたりしていたんじゃないかと思いたくなるような話もありました。

池川先生によれば、赤ちゃんはお母さんの皮膚の下わずか三センチくらいのところにいるため、実際に子宮のなかにマイクを入れると、お母さんとお父さんの声がかなり明瞭に聞こえるそうです。

「パパとママがお話ししている声が聞こえた。楽しそうだった。『おててつないで』を歌ってた」(四歳・三上翔子ちゃん)

「どくん、どくんって音がしてた」(二歳六カ月・小田嶋桜太郎くん)

「ママが誰かとお話ししている声が聞けて、うれしかった」（六歳・齋藤礼也くん）
「暗かったけど楽しかった。遠くのほうにちぃちゃな、明るい光が見えた」（五歳・樋口ほの香ちゃん）
「お腹のなかで暴れたら、外からぽんぽん叩かれて、つぶれそうになった！」（七歳・増田海人くん）
栗山ひさえさんの息子の創多くんは、聴覚障がいで耳が聞こえませんが、三歳のときに、「お腹のなかでくるっと丸くなって、親指をチュッチュ吸ってたよ」と、突然、手話で語ったそうです。
「息子は耳が聞こえないから、まさか話すとは思ってなかったんですね。でも、聞こえてないはずだし、ほんとうに自分でそれを経験して憶えていなければ話さないなと思って、びっくりしました」
栗山さんは、
「出産する前に赤ちゃんに障がいのあることがわかり、産まない選択も考えたけれど、創多を産んでよかった」
と涙ながらに語ってくれました。

子どもの言葉からどんなメッセージを受け取るか

お母さんのお腹のなかにいたときの胎内記憶を細かく分類すると、「誕生記憶」や「中間生記憶」というものもあります。誕生記憶とは、陣痛が始まってから誕生直後までの記憶。中間生記憶とは、なんとお母さんのお腹に入る前の記憶です。

誕生記憶について、僕はこんな話を聞きました。体験した人ならではの、実感のこもった口ぶりでこんなふうにいうのです。

「暗い細いトンネルみたいなところを、一生懸命もがいて出てきた。狭くてキツキツのところを、平泳ぎみたいな感じで。体中が痛くて、ちょっと疲れちゃった。でも、外に出たら気持ちがよかった」(十歳・齋藤龍之介くん)

「(うまれてきたとき)まぶしくて、目が痛かった」(三歳・杉平将貴くん)

「おへそ(へその緒)を切られるの、じわわわーんって痛かった」(齋藤礼也くん)

「うまれたときは力入れた(といって、目を瞑《つむ》って力を入れるポーズをとる)」(七歳・増田海人くん)

中間生記憶については、子どもたちによって表現方法は異なるものの、共通しているのは、「雲の上（空）で親を選んだ」ということです。僕が取材をしたお子さんたちも、次のように話してくれました。

「ママに見つからないように、雲の上に乗って、ずっとママを追いかけてたんだぁ」（四歳・森本芽衣ちゃん）

「空の上から、世界中のいろいろなママを見て、このママがよかったから選んだの。なんで選んだかっていうと、ママが寂しそうだったから」（齋藤龍之介くん）

「お空の上には神様がいるけど、姿は見えないんだ。そこではみんな洋服は着ていなくて、背中に羽が生えているの。それで、僕は羽をお空に置いて、ママのお腹のなかに入ったんだ」（七歳・見上敬人くん）

こうした話を聞くと、もうスピリチュアルな領域というか、宗教っぽいというか、生まれ変わりや魂の存在を信じないことには説明がつきません。僕は無宗教者なので、魂とか神様とかっていうのは、よくわかりません。

実際に、「お腹のなかでプラレールで遊んでた」とか、「お腹のなかで栗拾いしてた」とか、「うまれたとき、怪獣が見えた」なーんて語るお子さんがいたのも事実なので、どこまで信憑性《しんぴょう》があるのかは、正直、わかりません。

けれど、先にもいったとおり、僕は子どもたちの口から語られる記憶が真実かどうかを議論するつもりはありません。大切なのは、子どもの言葉から何を感じるか、どんなメッセージを受け取るか、ということじゃないかと思うんです。

映画製作のスタッフとして、製作開始当初から僕たちをサポートしてくださっているバースコーディネーターの大葉ナナコさんは、こういいます。

「胎内記憶って、科学になる日はこないと思うんですね。でも、それでいいと思っています。なぜなら、私がなぜこのパートナーを愛しているのかなんて、科学では証明できないでしょう？　だから、誕生の物語もファンタジーでいいと思うんです。それよりも私は、子どもたちの記憶が、育てる側にいかに元気をくれるかということを大切にしたい」

大葉さんは、ご自分で「趣味は出産、特技は安産」といっているように、五人のお子さんを育ててきたパワフルママです。

「ある日、五人目の子どもに何気なく、『どうしてうちを選んだの？』って聞いてみたんです。そうしたら、『楽しそうだったからだよ』っていったんですよね。もう、それだけで全部OKみたいな感じで（笑）、ありがとうって」

胎内記憶で育児が楽しくなる！

池川明先生が胎内記憶の研究を進めるきっかけになったのも、じつは、「育児の問題を解決したい」という思いからだったといいます。乳児健診の際、暗い顔をして診察室を訪れるお母さんたち。「産後うつ」になったり、「育児がつらい」とこぼす人が少なくなかったそうです。

産後うつというのは、赤ちゃんが泣きやまない、寝てくれない、誰の助けも借りられず、自分一人でそんな赤ちゃんと二十四時間、向き合わなくちゃいけない……といった事情が重なって、うつ状態になることなのだそうです。

お産のあと、お母さんの体のなかでは、ホルモンの分泌が変化したり、脳の神経伝達物質がアンバランスになったりするため、情緒不安定になりやすいんだとか。つまり、産後うつは誰にでも起こりうるのです。

実際に取材をしてみると、

「いままでは、何でもやりたいようにやってきたのに、自分の力ではどうにもならないことが受け入れられない状況になってしまった」

「泣いている子どもを目の前にしたときに、人の人生を背負ってしまった、という不安がどどどっと押し寄せた」

「一方通行の愛情に疲れてしまった。与えても与えても、反応のない赤ちゃんにどうしていいかわからない」

というような話を聞きました。

こうやって、多くのお母さんが、ひとりぼっちで自信をなくしたり、罪悪感を抱えたりしながら子育てをしているのかもしれません。

赤ちゃんを産んだらみんなハッピーなのかと思っていた僕は、お母さんたちの心がうつ状態にまで揺れ動くということを、よく知りませんでした。僕の母はどうだったのだろう……。

そんな状況に対して、胎内記憶はものすごい可能性を秘めている、と語るのが池川先生です。

「科学を重視する現代の風潮でいけば、赤ちゃんには意識がないし、感覚もないし、目も見えないし、ものを考える力ももちろんない。そのような状態でうまれてくる子どもを守ってあげなくちゃいけないという育児を、これまで多くの方がしてきたんだと思います。

ところが、胎内記憶の可能性を信じてみると、赤ちゃんを尊重するお産や育児ができるようになるんじゃないかと思ったんです。たしかに、科学的ではないかもしれないけれども、胎内記憶は私たちが生きていくうえでの、立派な『実学』だと考えられるんじゃないかと思うんです」

実際、子どもたちが語る胎内記憶によって、多くのお母さんたちが出産や育児に楽しんで取り組むようになったそうです。

「必死に育児をしていると、やさしさが表面に出なくなったり、行き詰まったりすることもあるけれど、子どもが『ママを選んだんだよ』と話してくれたことを思い出して、ハッと気づくんです」（齋藤真美子さん）

「どうしても頭ごなしに叱りつけることが多かったんです。でも、子どもは自分の意思でうまれてきた、自分でやりたいことがあってうまれてきた、ということがわ

かってからはもう、私の理想を押しつけるのはやめました」（伊平美佐さん）
「子どもに対して、『ゆっくり考えてお話ししていいよ』という言葉が多くなりましたね。そうすると、時間はかかっても絶対に言葉が出てくるんです。私も、それを待てるようになりました」（杉平智里さん）

「愛がいっぱいあったから、お母さんを選んだんだよ」


僕の場合は、子としての立場で胎内記憶の存在を知り、親に対する思いがポジティブなものへと転じたわけですが、なるほど、子どもを産み育てる親、とくにお母さんにとってもプラスに働くことがあるんですね。

実際、取材をしたお母さんたちの多くが、お子さんたちが語る胎内記憶によって「救われた」と感じているようでした。もちろん、最初にお子さんたちからその話を聞いたときは、みなさん、それはそれは驚いたようですが……。

そこで、胎内記憶を聞いたあと、お母さんたちにどんな変化があったのか、聞いてみました。

満井麻美子さんは、光咲ちゃんが、お腹のなかにいたときのことを話しはじめたのは二歳のときだった、と語ってくれました。

「あるとき、『どうやってママのお腹から出てきたの？』と聞いたんですね。そうしたら、身振り手振りをつけて、『ぶわっ！って出てきたの』って、まるで武勇伝でも話すかのように自慢気だったんです。それを見て、私は肩の力がふっと抜けるのを感じました」

満井さんはもともと自然分娩で産みたいと望んでいたのですが、帝王切開での出産となったことが、ずっと心に引っかかっていました。

ご存じの方も多いと思いますが、帝王切開というのは、お母さんのお腹を切開して赤ちゃんを取り出す方法で、膣《ちつ》から産み出すお産ではお母さんあるいは赤ちゃんにいのちの危険性がある、と判断された場合に行われます。

医学的にも、帝王切開は「異常分娩」とカテゴライズされるため、お母さんたちも、「普通に産めなかった」「痛みをともなって産む能力が私にはなかったのか」というネガティブな印象を持つことが多いようです。

僕はどんな方法だろうと、どれも立派なお産だと思うし、うまれてくることはそれだけですばらしいことだと思うのですが、帝王切開に割り切れない思いを持つお母さんたちがたくさんいることは、知りませんでした。

「出産のときになかなか光咲が出てこなくて、三回吸引して、それでも出てこられなかったんです。あのまま自然分娩にこだわっていたら、光咲には会えなかったかもしれない。だから、帝王切開という技術には感謝しているんです。

その一方で、何回か引っ張られても出てきたくなかった子を、お腹を裂いてまで無理やりこの世に引きずり出してしまったんじゃないか……という思いがずーっと消えないでいたんです。でも、そんな思いも、光咲の胎内記憶で吹き飛んでしまいました」

また、さまざまな事情で「シングルマザー」という選択をしたことも、子育てをするなかで、お母さんが自分を責める大きな理由の一つになっているようです。どこの夫婦・家庭にも離婚が起こりうる現代にあっても、世間の風の冷たさを感じることがあるのかもしれません。

土屋奈緒子さんの娘のはるかちゃんが胎内記憶を話してくれたのは、三歳のときです。ちょうど、土屋さんが離婚をしたころのことだといいます。

「いろいろ考えて、やっぱり離婚は間違っていたんじゃないかと、すごく落ち込んでいました。ところが、ある夜、娘が、『ママ、はるかはわかってたんだよ』というんです。『え、何が?』と聞くと、『お空から見ていて、ママがいいって決めたんだけど、そのときにおじさんがやってきて、このママのところにいくと、パパはいないんだよ、それでもいいの?といったのね。でも、どうしてもママがよかったから、きたの』って。その瞬間から、よし、娘と二人でがんばっていこう!って、今日までやってこれたような気がします」

土屋さんは、こう、涙目で語ってくれました。

同じくシングルマザーの島田洋江さんも、息子の汐音くんが三歳のときに語ってくれた胎内記憶で癒《いや》されたと語ります。

「一緒にお風呂に入っていたんです。そうしたら、息子が急に、『空の上からお母さんを見たら、お腹のなかに愛がいっぱいあったから、お母さんを選んだんだよ』っていうから、びっくり。離婚イコール失敗とは思わなかったけれど、それでも、家庭をちゃんとつくれないのは自分に愛情が足りないいんじゃないかと、すごく悩んでいたんですね。それだけに、私のことを丸ごと肯定してくれた、受け止めてもらえたと感じられて、ほんとうに癒されました」

さらに、汐音くんは、「お腹のなかで愛を食べてたけど、出てくるときに一つだけ残してきた」な〜んて語っていました。なぜ、一つだけ残してきたんだと思いますか？「全部食べたら、お母さんに愛がなくなっちゃうから」だそうです！

子どもたちの胎内記憶を聞いていくうちに僕が感じたことは、やはり、これは子どもたちの親への愛情であり、愛する親へのメッセージだということです。そのメッセージは、ファンタジーなことというよりも、「いま、感じていること・求めていること」なのかもしれない、と。

「お母さんが寂しそうだったから選んだ」というのは、「いま」お母さんが寂しそうにしているから、なんとかして癒したい、助けたいという子どもの愛情であり、「お母さんに愛がいっぱいあったよ」というのは、「お母さんはいま、愛が足りないのではと悩んでいる」ということを子どもが敏感に察知して、お母さんの役に立ちたいと無意識のうちに思ったのではないでしょうか。

こう、生真面目《きまじめ》に分析すると、おもしろみがなくなってしまいますが（笑）、いずれにしろ、胎内記憶は親子関係にポジティブに働くことは間違いないように感じました。

親子の絆を深める十カ月の過ごし方

池川先生から「胎内記憶には親子の絆《きずな》を深める力がある」とは聞いていましたが、今回、僕が話をうかがった親子を見ていると、ほんとうにそうだなあ、と感じます。人と人が深いところでつながっていることが感じられるのです。

たしかに、胎内記憶の存在への反論はあります。そもそも科学的根拠はありませんし、流産や死産になる子は、死ぬことを前提にうまれてくるのでしょうか？　不妊治療をしている方は、「選ばれていない」というのでしょうか？

戦場にうまれた子、貧困を極める環境にうまれた子、親から虐待を受けている子、障がいを持ってうまれた子たち……。子どもが親を選んでくるのだとしたら、この子たちは、みずから苦しい人生を選びとったというのでしょうか？

そうした疑問は、僕にもあります。誰だって、苦しいより楽なほうが好きなはずです。それなのになぜ、みずから苦難の道を選ぶのでしょう。

池川先生に聞いてみると、

「それでも、赤ちゃんはすべてわかってうまれてくるんです。すべて、親に、人類に、メッセージを伝えるためにやってくるんですよ」

と語っています。

「胎内記憶を持つ子どもたちに、『子どもをいじめる親がいるけど、その親を子どもが選ぶの？　それとも誰かに選ばされたの？』と聞くと、子どもたちの答えは全員同じで、『選ぶのは子どもだよ』というんです。じゃあ、なぜ、あえて虐待する親を選ぶのか、理由を聞くと、『子どもをいじめたらいけないということを教えるためだよ』、もしくは『お父さん、お母さんに成長してほしいからだよ』というんです」

子どもに暴力を振るうことの怖さを体験させることで、親たちの人生をいい方向に向かわせるために、あえて難しい課題を選んでうまれてくる……もしほんとうだとしたら、それはすごいことです。

また、障がいを持ったある子どもは、お母さんに、

「病気を治すのっておもしろいでしょ。そのためにうまれてきたんだよ」

と話したそうです。

池川先生は、次のように話しています。

「たとえば、子どもが障がいを持ってうまれてくると、『私が原因じゃないか』と考えるお母さんが少なくないんですね。でも、『障がいを持ってうまれることを自分で決めた』という子どもの言葉を受け入れてあげれば、お母さんの気持ちはずいぶん楽になるでしょう。自分を責めながら子育てをするより、子どものためにもいいんじゃないか、と私は思うんです」

この話を僕の母が聞いていたら、もっと楽しく育児をしていたかもしれないし、僕にもっと愛情を注いでくれる心の余裕もあったかもしれない……。

こうしたことを、すべて論理だてて説明することは難しいと思います。でも、何がほんとうで何が真実なのか、現代の世の中では、すべてに明確な答えを見出すことはできません。

僕自身は胎内記憶を知って心が癒され、人生が好転しましたし、僕が取材をしたかぎりでは、ほんとうに多くのお母さんたちが同じように癒され、「育児に自信が持てるようになった」と口をそろえていっていました。

反論はあるでしょうし、論理では語れないけれど、もし自分にとってプラスになるのだったら、小難しく考えずに利用すればいいじゃないかと思います。僕らを勇気づけてくれて、癒してくれて、暖かい気持ちにさせてくれる、こんなメッセージに科学的根拠っているのかなあって。

お母さんたちの話からわかるように、胎内記憶で重要なのは、赤ちゃん（わが子）との絆を早いうちからつくれ、深めることができることです。そして、親あるいは子どもが胎内記憶を知ることによって、親子関係についてのコンプレックスやトラウマを手放せる可能性があることです。そう、僕のようにです。

お腹のなかにいる赤ちゃんは、すべてを見て、聞いて、知っているのかもしれない。そう考えれば、妊娠中のお母さん、お父さんの取り組み方もずいぶん違ってくるのではないでしょうか。うまれる前から、家族としての連帯感が芽生えてきそうですよね。

池川先生によれば、妊娠中の十カ月間というのは、赤ちゃんと両親にとって非常に重要な時期なのだそうです。

「その間に、お母さんとお父さんが、一緒にお腹のなかの赤ちゃんに関心を持って、愛情をかけてあげて、家族なんだという意識が持てれば、赤ちゃんがうまれたときにはすでに親子の絆ができているので、育児もずいぶん変わってくると思うんです。子どもがうまれてどうしようという不安より、やっと会えてうれしいという気持ちが大きくなるでしょうから」

赤ちゃんとお母さんの絆を大切に考え、ご自分の病院に「ＢＯＮＤ＝絆、くっつく」という名前をつけている、さめじまボンディングクリニック（埼玉県熊谷市）院長・鮫島浩二先生は、こう話しています。

「赤ちゃんに胎内記憶があるかもしれないなという思いが、赤ちゃんに対する絆を深めていくのだったら、それで万々歳じゃないですか」

まったくそのとおりだと、僕も思います。

お母さんとお父さんがお腹のなかの赤ちゃんを大切に思い、つねに気遣ってあげていれば、その気持ちは赤ちゃんにも通じるのではないでしょうか。

いや、そう思ったほうが絶対、楽しい。この三年間、いろいろなご夫婦、ご家族にお目にかかるなかで、僕はそう思うようになりました。

「このときしかない」タイミングでうまれる赤ちゃん

僕らはこれまで一〇〇回ほど出産の撮影をさせていただきましたが、お腹のなかの赤ちゃんが両親の声を聞いていたとしか思えないような出産に何度も立ち会っています。赤ちゃんが、「このときしかない」という絶好のタイミングでうまれてきてくれるのです。

吉岡あゆらさん（三十一歳）、裕次さん（四十歳）のご夫婦のところにきてくれた、ふみのちゃん（一歳）も、そうでした。

あゆらさんは二十歳のときに卵巣がんを患い、卵巣を一つ摘出。さらに、化学療法も受けていて、医師から、「将来、妊娠は難しいかもしれない」といわれていました。

再発への恐怖を抱えながら不安な毎日を過ごしていましたが、二十七歳のときに裕次さんと結婚。幸い、その後、がんが再発することもなく、化学療法を終えてから十分な時間がたったということで、子どもを迎える準備を始めました。しかし、なかなか授からず、不妊治療を開始します。

ただ、二人にとって不妊治療は精神的ストレスが大きく、しばらくお休みすることにしました。すると、その直後に自然に妊娠したのです。

待ちに待った赤ちゃんですから、裕次さんもぜひ出産に立ち会いたい。でも、裕次さんは月曜日から金曜日までは、朝早くから夜遅くまでびっちり仕事です。そこで、吉岡さん夫婦は、お腹のなかの赤ちゃんに、ずっと、「週末にうまれてきて。お願いね」と話しかけていたそうです。

そうしたら、何と、金曜日の夜中にあゆらさんの陣痛が始まり、土曜日の朝方に無事、出産。そう、お父さん、お母さんの願いどおりにうまれてきてくれて、裕次さんはうまれたばかりの赤ちゃんを抱きしめることができたのです。

こんなことをいうと、「みんな週末にうまれちゃうじゃん！」とツッコミが入りそうですが（笑）、少なくとも僕らが立ち会った出産では、立ち会いを希望するお父さんはすべて叶えられていましたし、僕らも一度も撮り逃すことはありませんでした。それが、お腹のなかの赤ちゃんに話しかけていたからかどうかは、もちろんわかりません。

でも、こうしたことを目の当たりにしていると、赤ちゃんはお腹のなかでお父さんやお母さんの話を聞いていて、お父さんやお母さんの希望になんとか応えたい、力になりたいと思っているんじゃないかなあ、そう思えたほうが楽しいなあと感じます。

うまれてきた子どもたちすべてが、お母さんのお腹のなかにいたときのこと、あるいはその前のことを話してくれるかどうかはわかりません。けれど、少なくとも「胎内記憶は存在するかもしれない」と思うだけで、多くのお母さん、お父さん、そして子どもたちの心がどれほど癒されるだろうか、と僕は思うのです。

第二章　いのちを授かる

～親になるということ～

あなたの存在はすでに奇跡！　～受精のしくみ～

胎内記憶を知ったことをきっかけに、その摩訶《まか》不思議なパワーにどんどん惹《ひ》かれていった僕ですが、あらためて、いのちというものを見つめ直してみると、では、そのいのちがどうやってうまれてくるのか、「セックスをすると子どもがうまれる」ということ以外に、自分はほとんど何も知らないということに気がつき、われながら驚きました。

受精のしくみについて、あらためて勉強してみると、意外に知らない話がたくさんあって、おもしろいのです。

女性の膣に放出された精子は、卵子と出会う旅を始めます。一回の射精で放出される精子の数は数千万から数億ともいわれています。そのなかから、たった一つの精子だけが、卵子と出会って受精するんです。

男性は十歳くらいから精子がつくられはじめ、一日約五〇〇〇万～数億個ずつ、死ぬまでつくられるそうです。人生七十年とすると、一人の男性が一生のうちにつくる精子の数は、六十年×三百六十五日×五〇〇〇万＝一兆個以上！

一方、女性のお腹のなかには、卵子をつくる卵巣が左右に一つずつあります。厳選された卵子が、毎月一つだけ、左右どちらかから排卵されます（二つのときもあります）。飛び出した卵子はイソギンチャクのような形をした卵管采《さい》によって吸い込まれ、卵管膨大部までコロコロと転がっていきます。

卵子の寿命はおよそ二十四時間ですから、精子との出会いまで、あまり時間はありません。

じつは、卵子の歴史は古いんです。卵子は、お母さんがおばあちゃんのお腹に宿ったときに、すでに原型がつくられているそうです。あらためて、女性の体はずっとつながっているんだなあ、と思わされます。

精子が卵子まで到達するには、とても険しい道のりが待っています。精子が進まなければならない距離は、精子を人間の大きさに換算すると、およそ地球から月までの距離といわれています。しかも、精子の寿命はおよそ三日間しかなく、到達しても排卵されていなければ、がんばり損（？）です。

さらに、精子はスイスイっと進んでいけるわけではありません。彼らの行く手を阻《はば》む刺客《しかく》が、たくさん待ち受けています。

まず、膣のなかには精子を溶かす酸が存在し、異物から自分の体を守ろうとします。ただし、排卵時期は酸性が減り、精子が通りやすいアルカリ性優位になるそうですから、なんとも不思議です。

なんとか膣を通り抜けると、ようやく広大な子宮に入りますが、ここには白血球などの抗体がたくさんいます。彼らは、外部から体内に侵入した細菌やウイルスなどの異物の排除をおもな役割としていますから、精子を飲み込もうと必死です。

さて、奇跡的に酸や抗体の攻撃をかわして進むにしても、いったい、精子たちは、道しるべのない、真っ暗な子宮のなかで、どうやって卵子のいる場所がわかるのでしょうか？

それは、なんと、〝におい〟なのだそうです。優秀な精子は、卵子の出す微《かす》かなにおいを嗅ぎ分けて、卵子のもとをめざすのです。このにおい、ほんとうかどうか知りませんが、スズランやユリのような花の香りがするそうです。いわば「フェロモン」を出して、精子を誘引しているのです。

男女間で惹かれ合うとき、〝におい〟も重要な要素になりますが、それは精子と卵子のころからの本能なのかもしれませんね。やっぱり、体は神秘です。

きびしい道のりを経て、卵子の近くにまでたどり着ける精子の数は、およそ一〇〇個程度といわれています。もともと、数千万、数億個からスタートしていますから、ここまで到達したのは、非常に優秀で、幸運な精子たちといっていいでしょう。

彼らの最後の命題は、卵子のなかに入り込むことですが、卵子の壁は非常に厚くて、そう簡単に入ることはできません。もし、ここで受精できなければ、彼らのいのちは尽きてしまいますから、たぶん、必死にがんばるのでしょう。最終的に一つの精子が卵子のなかに入り込み、「受精」に成功すると、残りの精子はすべて寿命を迎えます。

こうして出会った精子と卵子は、〇・一ミリほどの受精卵となり、細胞分裂を繰り返しながら、およそ一週間の旅を経て、いのちの部屋である子宮に到達します。子宮に降り立った受精卵は、場所を決め、そこに根を張り（着床）、お母さんのお腹のなかで十月十日《とつきとおか》の旅を始めます。

これが、受精のしくみです。

誰しも生きていく過程で、自分はだめだなあ、と自己否定したり、ほかの人と比べて落ち込んだりすることもありますが、受精のしくみを見ていると、誰もが選ばれし者、トップエリートとしての人生をスタートさせている……な〜んて見方もできませんか？

そう、僕の、あなたの、あの人の存在は、すでに奇跡なんです。

「自然なお産」って何だ？

僕はもっともっといのちのことを知りたいと思い、ほかの映像制作の合間に産婦人科医・池川明先生のクリニックに通いましたが、そこで知ったのが、「助産師」という職業があるということでした。

先生から「助産師さんからも話を聞いてみたらいかがでしょうか？」といわれて、僕はきょとん。へ？　助産師って何？　看護師さんとどう違うの？　なんていう具合です（助産師のみなさま、ほんとうにすみません!!）。

ご存じの方はたくさんいらっしゃると思いますが、助産師さんは妊娠・出産をお手伝いしてくれる方々（以前は「産婆さん」と呼ばれていました）で、看護師さんと似た感じに見えるかもしれませんが、看護師免許を持つ人がさらに専門教育を受けた、妊娠・出産に特化しているスペシャリストです。

そんなこんなで、助産師さんたちからもお話をうかがいましたが、初めて耳にすることばかりでおもしろかった！

出産をする場所は病院にかぎらず、助産院という場所があるということ（そんな場所があるのか！）、自宅で行う人もいるということ（そんなことができるのか！）、麻酔を使って痛みを和らげる出産方法もあるということ、お風呂で産む水中出産というものがあるということ……。

また、医療を介さない出産を「自然分娩」というそうなのですが、じゃあ、自然なお産って何なのか、逆に、自然じゃないお産って何なのか……と好奇心がむくむく湧いてきました。

自然分娩について衝撃的だったのは、「うまれたばかりの赤ちゃんは湯気が立っている」という話です。その助産師さんは、愛知県の吉村医院で研修を受けてきたばかりとのことで、興奮気味に語ってくれました。

吉村医院（愛知県岡崎市）院長・吉村正先生は、『「幸せなお産」が日本を変える』（講談社＋α新書）や『いのちのために、いのちをかけよ』（地湧社）などの著者であり、昔ながらの自然なお産に力を入れている方です。

吉村先生は熱く語ります。

「自然のお産というと、特殊なお産と思っている人が多いよね。お医者さんでもそうですよ。でも、自然のお産なんて、あったり前じゃないですか!! 昔はみんなそうですから。人間は自然に、ちゃんとうまれるようにできてるわけ！」

病院では、適切な医療措置ができるようにライトをつけてお産に臨みますが、吉村医院では、できるかぎり、医療措置はしないという原則に立ち、妊婦さんがリラックスしてお産に集中できるように、行灯《あんどん》の明かりだけという暗がりのなかで行われるそうです。そのため、お母さんのお腹のなかから出てきたばかりの赤ちゃんから出ている湯気が見えるのだといいます（そうか、病院だと明るいから湯気が見えないのか）。

なんて神秘的なんだろう！

さらに、うまれたばかりの赤ちゃんは、「ここが新しい世界かあ」というような感じで、きょろきょろとあたりを見まわすというんです。

何だ、そりゃあ⁉

うまれたばかりの赤ちゃんはずっと泣いていて、目を瞑ったままだと思っていた僕にとって、この話は驚きでした。そんなシーンを目の前で見たら、ものすごく感動するに違いない。

これまで、「出産は感動的だ」と多くの人がいうのは知っていました。でも、映画マニアの僕でも、「感動的な出産シーン」というのを見たことはありません。いま思うに、それらの映像は、新しいいのちがうまれるすばらしさとか感動を伝える、という視点で撮られたものでなく、妊婦さんが苦しんでいる姿を映し出しているだけだった気がします。それを見て、僕はただ怖そうに感じただけなのでしょう。

でも、もし、この助産師さんから聞いたような光景を目にしたら、鳥肌が立つくらい感動するだろうなあ。そんな映像が撮れたら、「感動的な出産シーン」になるに違いない……。

「自然なお産」は血も涙もない？

出産シーンを撮ってみたい!!

思いが沸々と湧いてきた僕は、映画『うまれる』の公式ホームページ上で、出産を撮影させていただける方、妊娠から出産までを撮影ドキュメントさせてくださる方を募集しました。

周囲からは、「そんなプライベートな空間を撮らせてもらえるわけがない」といわれたりもしましたが、一日に一〜二件、三カ月で約二〇〇人もの方々からご応募がありました。

「大切な瞬間だから記念にしたい」という方もいれば、「自分の経験がみなさんの役に立つのなら……」という方もいましたが、全員を撮るのは難しいので、場所やスケジュールなどを見ながら決めさせていただきました。

そんななか、自宅で自然分娩をされるという方から、撮影許可をいただきました。

しかし、「うまれそうです」という連絡が入ったのが予定日の二週間前だったので、びっくり。あわてて準備を整えましたが、まるで、「出産は何が起こるかわからないんだよ」と、神様に諭されているような感じでした。

夜中の二時ごろ、高速を飛ばしてご自宅へ。すでに助産師さんは到着しています。小さな明かりのなかで、腰をさする音と、十五分ごとにやってくる陣痛に耐える妊婦さんの声が聞こえてきます。

自宅なので、妊婦さんは普通に布団の上で息み、隣では四歳になるお姉ちゃんがグッスリ寝ているという、いままでに見たことのない不思議な光景です。助産師さんがさすったりして呼吸などを指導しているあいだ、旦那さんはずっと奥さんを支えて、時折、マッサージをしています。

自然分娩は電灯をつけない、と話には聞いていましたが、ほんとうに真っ暗です。野球のボールくらいの明かりをつけているだけなので、カメラを覗いても何も見えません。僕は観念して、撮影よりも、初めての出産をしっかりと体験することにしました。

到着から一時間たちましたが、思ったように赤ちゃんが出てきてくれない様子です。あとで聞いてわかったのですが、じつはこのとき、へその緒が赤ちゃんの首にからまっていたようなのです。

ええ！　それって大丈夫なの？

このような状態になると、病院では、赤ちゃんが危険だということで帝王切開になることもあるそうです。しかし、自然分娩ではギリギリまで、お母さんと赤ちゃんを信じるようです。妊婦さんは四つん這いになったり、横になったり、何度も体勢を変えながら、がんばります。

そして、午前四時五十八分、「痛いぃ!!」という声と同時に、新しいいのちが誕生しました。三〇五〇グラムの元気な男の子でした。

さっそく、お母さんに赤ちゃんを抱いてもらって、みんなひと安心。

僕は、「おおっ！」と感動。

「男性は卒倒するよ」とか、「血とか見ても大丈夫？」などと脅されていた出産の現場でしたが、意外や意外、まったく平気でした。自然分娩だったので、出血がほとんどなく、赤ちゃんがすごくきれいだったからかもしれません。

出産時の出血というのは、赤ちゃんが出てきやすいように、膣口と肛門のあいだを切開する会陰《えいん》切開という医療行為を行うときに多いようで、自然なお産では、ほとんど出血はないようです。

また、これまでの出産のイメージとまったく違って、赤ちゃんがあんまり泣いていないことにも驚きました。もちろん、うまれた瞬間はすこし泣くのですが、お母さんに抱かれると、すぐに泣きやみます。体重を測るためにお母さんから離れると、また泣きだします。でも、お母さんの胸にもどると、泣きやむ。

助産師さんが抱いたら、泣く。僕が抱いたら、大泣き（笑）。でも、お父さんとお母さんが抱くと、泣かない。そして、お父さんの顔をじーっと見ている。

これはいったい、どういうことなのだろう？

やっぱり、うまれる前から、お父さんとお母さんのことを知っているってこと？

これまでのイメージでは、出産には赤ちゃんの泣き声と血がつきものだと思っていましたが、「自然なお産は血も涙もない」んですね（笑）。

うーん、そんなことも含めて、初めての出産はとても感動しました。

うまれるって、宇宙の奇跡です。

妊娠・出産は親子関係をリセットする機会

こうして、すこしずつ妊娠・出産についての知識と経験を得ていった僕ですが、やはりいちばん関心があったのは親子関係についてでした。赤ちゃんが親を選んでうまれてくるのだとしたら、僕はなぜ両親を選んだのだろう。僕がうまれてきたことを、両親はどう思っているのだろう。

でも、いくら考えても答えは見つかりません。そんななか、ハッピーバースハウス山本助産院（神奈川県横浜市）院長・山本詩子先生にお話をうかがうことができました。山本先生は、妊娠そして出産の場面は親子関係のリセットの場面でもある、といいます。

「親との関係がよくなかったとおっしゃる妊婦さんがいます。そうした方が赤ちゃんを産んで、赤ちゃんの小さな手を握りしめて、『ようまれてきたね』『かわいい』と感動している。そして、『私の母親も、こんなふうに私を迎えたのだろうか』って。すると、面会にいらした母親に、『お母さん、ありがとうね』とおっしゃる方が少なくないんですね。

人間、誰しもいろいろなわだかまりを持って、生きていると思います。でも、妊娠・出産によって原点に帰ることで、そのわだかまりが解きほぐされ、滑らかな関係性を築くことができれば、すてきですよね」

なるほどー。それはすてきな話だなあ。でも、僕は男だから、妊娠・出産を経験できない。それによってほんとうに親子関係がリセットできるのかどうか、確かめることができません。さて、どうしよう……。

そんなときにお会いしたのが、のちに映画『うまれる』の主人公となる、伴まどかさんと真和さんです。ともに三十一歳になる二人は、夫婦となっておよそ一年の新婚ホヤホヤ。お会いしたとき、まどかさんは妊娠五カ月。二人にとっては初めての妊娠です。

まどかさんは、こう話します。

「立ちくらみや頻尿《ひんにょう》など、体調の変化を感じて、もしやと思って、市販の妊娠検査薬を買って、家で一人でチェックしました。もともと、子どもはほしいと思っていたので、陽性と出たときは、うれしくて涙が出ました。

病院で診察を受けてから、さっそく母子手帳をもらいに行って、『おめでとうございます！』って渡されるんだろうなあって想像してたら、普通に担当のおじさんから『はい』って渡されて終わりでした。あっはっはっ」

お目にかかってまず感じたのは、二人とも、とにかく明るいことです。とくに、まどかさんの笑顔が印象的でした。まどかさんはよく笑い、その様子を見て、真和さんの顔もほころびます。真和さんが冗談をいうと、まどかさんがツッコミを入れる……とにかく見ていて微笑ましい、すてきなカップルです。

「虐待を受けていた自分が親になれるのだろうか？」

しかし、まどかさんは、その笑顔からは想像もできないほどの複雑な思いを抱えていました。まどかさんは幼少時代、母親から虐待を受けていたそうです。

「細かいことは忘れてしまったけれど、よく叩かれましたね。それから、お風呂に沈められて、苦しい苦しいっていっているのになかなか出してくれなかったり、ヒールで思いっきり足を踏まれたり。『あんたなんか、いないほうがいい』ともよくいわれてました……」

まどかさんは、一九五〇グラムの未熟児でうまれました。母親が妊娠中に家の階段から落ちたのが引き金となって、予定より二カ月早い、三十四週目の早産となったためです（通常は四十週前後）。

まどかさんのお父さんにうかがったところでは、まどかさんはほんとうに小さくて、「太ももは私の親指くらいでした」といいます。

未熟児だったために、お産をしたクリニックでは手に負えないということで、すぐに救急車で総合病院へ搬送されます。まどかさんはそのまま保育器のなかで育ち、家に帰ってきたのは、誕生から四カ月後のことでした。

その後も、すくすくと大きく、というわけにはいかず、細くて小柄で、小学校に上がるまではすぐに熱を出すような子だったといいます。それも、お兄さんの運動会やお遊戯会といった、何かイベントのあるときにかぎって熱を出すのです。

「それが母親には負担だったのではないか」

と、まどかさんはいいます。

「私の感覚でいえば、そういうときに母親って、『大丈夫？　苦しい？』って心配するものじゃないかと思うんです。でも、母親は、『あんたは大事なときに熱を出して』って、怒っていました」

たしかに、小さい子はすぐに熱を出しますよね。抵抗力が弱くてウイルスに負けやすいということもありますが、じつは、熱を出すことで、お母さんに「こっちを見て」「心配して」というサインを送り、お母さんが自分に愛情を持っているのかどうかテストしている場合も少なくないそうです。

まどかさんの場合も、ひょっとすると、母親にもっとかまってほしかったのかもしれません。あるいはそれは、お母さんに対する無言の抗議だったのかもしれないのです。

まどかさんは、

「母は、兄や弟にはさほどでもないのに、なぜか私にだけきびしかった」

といいます。

まどかさんは、どんなに母親に叱られたり、痛い思いをさせられても、それは「自分が悪いからかもしれない」と思い、お父さんや兄弟には何もいわずに、ひたすら辛抱していました。とくに、弟さんが〝お母さん大好きっ子〟だったから、「彼の母親像を壊してはいけない」と思っていたそうです。だから、家族の誰も、まどかさんと母親とのあいだにあった事実を知りませんでした。

まどかさんが中学三年生のとき、両親が離婚。母親は一人、家を出ていったそうです。それからは父子四人暮らし。その後、十六年間、母親とは会っていません。

「素直で、手のかからない子でした。ただ、僕も猫っかわいがりするほうではないし、仕事も忙しかったから、愛情に飢えていたかもしれませんね。中学三年生といえば、ただでさえ人生のなかで悩む時期に、やっかいな問題を抱えちゃって……かわいそうでした」

お父さんはこう振り返りますが、まどかさんは、父親が仕事で忙しくて寂しい思いをした反面、お母さんがいなくなってホッとした、というのが正直な気持ちだったようです。

「母親と一緒にいたいという思いはなかったから、離婚したあと、どこに行ったかわからなくても全然かまわなかった。ただ、なぜ自分があんなにも母親に嫌われていたのか、という思いだけはつねについてまわりましたね。親子関係がうまくいっている人は、『子どもがかわいくない親なんていないよ』って口をそろえていうんだけれど、でもやっぱり、昔を振り返ると、母親の仕打ちはどうしても納得がいかない。自分が大事にされているような気がまったくしなかったですから」

母と子の関係とはどういうものなのか。同じ子どもでも、かわいい子とそうではない子がいるものなのか。

まどかさんは大学時代、母子関係を研究テーマとして選びました。それでもまだ、答えが見つからない。そこで、さらに母と子の関係を追究しようと、助産師の道を選んだのです。

「女性って、赤ちゃんを産むと、みんな、『ありがとう』『かわいい』っていうんですね。そういう場面を見て、自分もそうだったんだって思いたかったのかもしれない。でも、ひょっとすると、私と同じように、『私なんてうまれてこないほうがよかったのかもしれない』と思っている人がいるかもしれませんよね。そういうときに、私が出産に立ち会っていて、『そんなことはないんだよ』って自分自身が思えるようになっていれば、そういう人たちの相談に乗ったりできるかもしれないな、と思ったんです」

「自分の遺伝子を残したくない」

一方、明るくて何の屈託もなさそうな夫の真和さんも、心のなかには暗い葛藤《かっとう》を抱えていました。

「両親は、僕が中学生くらいのころからあまり仲がよくなく、僕と妹は母親のほうについていて、家のなかでは父親が疎外《そがい》されていた感じでしたね。僕も、そんな父とはあまりいい関係ではなかった。楽しく遊んでもらった記憶とかがないんですよ」

そんな両親を見て育った影響か、真和さんには結婚願望はもちろん、子どもがほしいという気持ちもまったくなかったそうです。

「自分のことを好きじゃないので、そんな自分の遺伝子を受け継いでうまれてくる赤ちゃんをかわいがってあげられないような気がして。父親に遊んでもらったことがないから、お父さんのなり方もわからない。それに、いざお父さんになっても、自分の父親のように家庭のなかで孤立したらどうしよう、という不安もありました」

真和さんの境遇、そして結婚や子どもに対する考えを聞いていると、まるで自分のことのようで驚いてしまいました。そう、僕もずっとそういう気持ちでいましたから。

胎内記憶と出合ったことをきっかけに、僕の気持ちはすこしずつ変わっていったけれど、真和さんの気持ちを変えたきっかけは、まどかさんとの出会いでした。親との関係で悩んでいた二人は、人生で初めて、「自分は一人じゃない。自分を受け入れてくれる人がいる」と自然に惹かれ合います。

「この人となら一緒にがんばっていける」

そして、結婚。まどかさんはすぐに赤ちゃんを宿します。

真和さんもいよいよパパに……と思いきや、「パパになるつもりはない」と真和さん。「ええっ、それはどういうこと?」と驚いて聞き返すと、真和さんは次のように説明してくれました。

「僕にとって赤ちゃんは、妻とのあいだにできる『副産物』。僕のなかで一番の存在はあくまでも妻で、子どもは永遠に二番です」

こう書くと、真和さんは「父親になる」ということが全然ピンときていないし、その様子は、もしかしたら、「頼りないなあ。大丈夫かなあ」と受けとめられるかもしれません。でも、僕は同じ男として、そして、長年同じような思いを抱いてきた人間として、わかるような気がしました。

もしかしたら真和さんは、やっと出会えた生涯のパートナーを赤ちゃんにとられてしまうんじゃないか、子どもができることで自分には愛情を注いでもらえなくなるんじゃないか、という潜在的な不安があったと思うんです。

そう、僕らは、愛情を感じられない時間を、嫌というほど過ごしてきましたから……。

妊婦さんの体の変化

妊娠をすると、女性には肉体的、精神的にさまざまな変化が訪れます。初期の段階でまず現れるのが「つわり」という反応です。つわりは、妊娠によって生じる体のなかの変化に、母体がうまく適応できないことによって起こるといわれています。

いわば、お母さんの体のなかでは、「誰か知らない人が住み着いた！」と騒然とし、赤ちゃんが「僕（私）は敵じゃない！　あなたの子どもだよ！」といっているかのようなやりとりを細胞レベルでしている感じでしょうか。

つわりは人によって症状がさまざまですが、赤ちゃんがお腹のなかで元気に育っている証拠のようです。つわりの時期にも個人差があって（遺伝もかなり影響するそうです）、だいたい妊娠三、四カ月まで続きます。

症状としては、気分がすぐれない、吐き気をおぼえる、昼間でも強い眠気に襲われる、お腹がすいてしかたがない……などなど。

まどかさんの場合は、どうなのでしょう。

「私は吐き気がひどくて、何か食べると、ウッとこみ上げてくるんです。かといって、何も食べないと、お腹がすいてまたウッとなる。だから、一日中ずっとトイレに入って、便器に顔を向けている状態です。それでも、体重は一・五キロくらいしか減っていない（笑）。仕事で出会った妊婦さんのなかには、つわりで一〇キロくらいやせてしまって入院するほどの方もいたから、それと比べたら、私なんて軽いほうかもしれないけれど……。でも、端からは大したことのないように見えても、本人にしてみればつらいんですよ。このつらさは、人と比べてどう、というものでもないんです」

つわりは、他人にはそのつらさがわかりにくいですよね。頭ではわかっていても、実際に体験してみないとわからない。そう、それは、男性が大事な部分を蹴《け》られたつらさを女性がわからないのと似ているのかもしれない……。

さて、お母さんがつわりに苦しんでいるあいだ、赤ちゃんは子宮のなかでどんどん大きくなっていきます。子宮とは、女性だけが持っている「いのちの部屋」。そこは厚い筋肉でできていて、赤ちゃんをやさしく包んでくれるふかふかのベッドのような状態になっているそうです。そして、赤ちゃんの成長とともに大きくなっていきます。

子宮のなかは、三七℃前後の温かい羊水で満たされています。羊水にはさまざまな衝撃から赤ちゃんを守る役目があるそうですが、海水とほぼ同じ成分で浮力があるため、赤ちゃんは子宮のなかで浮いたような感じで、手足を動かしたりもできるようです。

赤ちゃんが大きくなっていく過程で剝《は》がれた皮膚や生え替わる髪の毛などで、羊水は徐々に汚れていきます。しかし、それをなんと、赤ちゃんは自分で飲み込み、きれいにしたあと、水分を「おしっこ」として排泄するんです。そして、余分なものは腸にためておき、うまれたあとに「うんち」として処理します。

そうやって赤ちゃんは〝掃除〟を繰り返し、自分の部屋、つまり子宮のなかの環境を快適に保っているのだそうです。

赤ちゃんって、すごいですね！

このようにして赤ちゃんが育ち、子宮が大きくなると、それにともなってお母さんのお腹も日に日にふくらんでいきます。

妊娠がわかったときの女性の不安

まどかさんのお腹も、順調に大きくなっています。助産師なので、妊娠・出産についての知識は十分あります。でも、知識があるだけに、逆に、不安や心配事も頭をよぎるようです。

「妊娠がわかって、最初に病院に行ったときは、赤ちゃんが子宮のなかにいなかったらどうしようっていう不安がありましたね。そこにちっちゃな袋が見えたときは、いた！って安心してうれしかった。けれど、流産したらどうしようって思ったり。赤ちゃんにちゃんと目ができてるかな、指はあるかなって、心配はつきませんね」

妊娠がわかったときの女性の不安について、バースコーディネーターの大葉ナナコさんが教えてくれました。

「自分の体を通して新しいいのちが一つ誕生してくるということなので、いままでの食生活がどうだったかとか、タバコを吸った経歴がどうだとか、何かいままでの自分がＯＫだったのか、踏み絵のような感じがして、すごく緊張するんです。それに、自分自身を通してうまれてくるいのちなんだから、『何かあったら自分のせいかもしれない』という、漠然とした不安感があります。

でも、心のどこかで、『この私がいいってきてくれるなら、エイ！』という、清水の舞台から飛び降りるみたいな気分もある。男性たちが、『あ〜おれ、すっげーいい仕事したな！』と思いたいのと同じくらい、女性もいのちを迎えることに、『あ〜私、すごくいい出産できたな！』って思いたいんですよね」

そして、やはり気になるあのこと——母子関係のこと。まどかさんは、大学での研究のなかで行き当たった、「虐待は繰り返される」という一文が心に引っかかっているようです。

「私みたいな人間は、子どもを持たないほうがいいのかなあ、と思ったこともありました。でも、反面教師というか、『逆に、子どもをすごく愛せる人もいると思うんだよね』って、主人はいってくれるんです。自分では意識したことがないんですが、街を歩いているときとか、私は赤ちゃんや子どもを無意識に目で追ったりしているようで、彼から見るとすごく子ども好きに見えるらしいんです。だから、こいつはきっと大丈夫だろう、って思ってくれたみたいです（笑）」

なるほど、妊娠・出産に関して、女性がこんなにいろいろな不安を抱えているなんて、すこしも知りませんでした。いまではまったく面影がありませんが、うちの母もそうだったのでしょうか……。

不安は夫婦で乗り越える

妊娠中のお母さんの心と体の状態は、赤ちゃんの成長を大きく左右するそうです。赤ちゃんとお母さんを結びつけているのは、子宮に根を張る「胎盤」と「へその緒＝臍帯《さいたい》」です。

赤ちゃんは、へその緒のなかを通る血液を通じて、酸素と栄養、そしてお母さんの愛情を受け取ります。順番としては、子宮→胎盤→へその緒→赤ちゃんへと流れています。恥ずかしながら、僕は映画『うまれる』をつくるまでは、お母さんのへそと赤ちゃんのへその緒がつながっていると思っていました（笑）。

お母さんがハッピーであれば、赤ちゃんも幸せな気分ですくすく育ちますが、有害物質やストレス、ネガティブな感情も赤ちゃんに伝わり、あまりよくない影響を与えるようです。

実際、びっくりするデータがアメリカで発表されました。アメリカ赤十字によって行われたテストによると、臍帯の血液中から平均二八七種の汚染物質が発見されたというのです。そのうち二一七種は脳や神経に有害な物質で、一八〇種は発がん性のあるものだったそうです。

よく、妊婦さんはお酒とかコーヒーを飲んじゃいけない、食事に気をつけたほうがいい、なんてことを聞いていましたが、よくよく考えたら、まさにここで今後数十年間のいのちの原型がつくられているのですよね。うまれてから一生懸命いいものを食べさせるより、お腹のなかでゼロから育っているときに贅沢させたほうが、何だかよさそうに思えませんか？

そう考えると、妊娠中に不安や悩みが生まれたら、一人で抱え込まずに、誰かに相談をしたほうがいいですよね！　まどかさんも真和さんと話をし、ときには当たりちらしながら（本人談）、気持ちのバランスをとっているようです。

実際、二人はよく話をします。真和さんは仕事が忙しく、朝早く家を出て夜遅くにもどってくるため、平日はなかなか話をする時間がとれないようですが、週末は二人でゆっくり時間を過ごします。

二人の会話を横で聞いていると、まるで漫才のようでおもしろい。この日は、赤ちゃんの名前について話をしていました。

まどか「女だったら、私みたいにひらがなで、まなか、がいいな」

真　和「おれも『ま』で始まるから、ま族になるね。『ま』っていった瞬間、みんな振り向く（笑）」
まどか「男だったら、どうする？」
真　和「ま、で始まるもの……まろ、なんかどう？」
まどか「えー！　やだー！　まろって昔の人みたいじゃーん！」
真　和「じゃあ、愛に太朗って書いて『まなたろう』は？　略したら、まろ！」
まどか「うーん……イジメられそう……。お、お腹が動いた」
真　和「おお！　こういう会話って憶えてるっていうじゃない？」
まどか「子どもが憶えてても、私たちが忘れそうじゃない？（笑）」
真　和「たしかに（笑）」

子どもの名前に「まろ」って……なかなかクリエイティブな発想です（笑）。
でも、このぶんなら、まどかさんも体や心の揺れがあっても、二人で乗り切れそうです。「子どもは副産物」「パパになるつもりはない」なんていって、すこし頼りなさそうに見えた真和さんですが、なんのなんの、まどかさんをしっかり支えているじゃありませんか。

「僕は一人じゃないんだって思わせてくれた人ですから、支えてあげなくちゃって、思うんです」

パパになることについては、いま一つピンとこないようですが、真和さんは妻第一主義で、まどかさんをサポートしようと一生懸命がんばっています。

まずは子どもどうこうではなく、夫婦で仲よくする。そうしていれば、自然と子どもも幸せな気持ちでいられるのかもしれません。なんとなく、育児の本質を見たような気がしました。

二人には、今回の出産を機に、いっそう幸せになってもらいたい……。伴さん夫婦を撮影するたびに、その思いが強くなっていきました。

第三章　たしかに存在した小さないのち

～「誕生死」を考える～

当たり前ではない「うまれる」こと

「うまれる」ことは当たり前じゃないということ、ご存じでしたか？

僕はこの映画をつくるまで、まったく意識をしていませんでした。

妊娠・出産について取材を進めるなか、衝撃を受けた本があります。『誕生死』（三省堂）という本です。

「誕生死」とは、この本の著者である「流産・死産・新生児死で子をなくした親の会」が、「たとえおなかの中で亡くなったいのちでも、出生後どんなに早く亡くなったいのちでも、私たちの子どもは、確かにこの世に誕生したのだ」という思いを込めて、新しくつくった言葉です。

大切に、大切に育ててきた子どもが、気づかないうちにお腹のなかで亡くなっている……。待ちこがれた子どもが息をしていなかった……。このようなエピソードを読んで、僕は涙を抑えることができませんでした。どんなに、どんなにつらい経験だったか……。

医療技術が発達し、医療者が力をつくしつづけてきてくれたことで、日本は世界でも有数の「安全にお産ができる国」となりました。しかし、それでも救えないいのちはあります。流産、死産、新生児死となった赤ちゃんたちです。

ちなみに、全妊娠のおよそ一五パーセントが流産となるそうで、妊娠十二週以降に亡くなる赤ちゃんは、二〇〇八年で約二万八〇〇〇人、妊娠二十二週以降に亡くなる赤ちゃんは約四〇〇〇人います。

じつに多いことに、僕は愕然《がくぜん》としました。それなのに、僕の周囲でそういう話を耳にしたことはありません。悲しみを引きずるのはよくないということで、亡くなった赤ちゃんの存在自体を忘れよう、隠そうという傾向があるのでしょうか。

それに対して、

「私の子どもはしっかりと生きていた」

「つらい経験をしたのは、あなた一人じゃない」

と声をあげたのが、先の『誕生死』という本です。

「うまれる」ことは当たり前じゃない、それを伝えることで、「うまれる」すばらしさをより感じていただけるのではないかとも思い、僕は「誕生死」も映画のテーマの一つにすることに決めました。

世間でタブー視されているテーマを扱うことは、あまりよく思われないかもしれません。でも、こういうことを知るのは、生きていくうえですごく大切なことだと直感的に思ったんです。

そこで僕らは、映画『うまれる』の公式ホームページ上で、「誕生死を経験された方、お話を聞かせてください」と呼びかけました。ただ、これは非常にデリケートなことです。反応は期待できないかもしれないと思いましたが、何人もの方からお返事をいただきました。紹介したい話はたくさんあるのですが、今回は一つだけ書かせていただくことにします。

出産予定日に突然の心拍停止

関根麻紀さん（三十一歳）と雅さん（三十二歳）は、結婚後すぐに赤ちゃんを授かりました。

「自分のお腹のなかに一つのいのちを宿すことが、こんなに幸せなことだとは知らなかった」

と麻紀さんはいいます。夫の雅さんも、そんな麻紀さんを見て、いままで味わったことのない幸せな気分だったそうです。

「夫婦から家族になる、という夢が、自分のなかにずっとあったので、ほんとうにうれしかった。それに、妻がどんどん、見たこともないような体型になっていったり、とにかく新しい発見の連続で、ものすごく刺激的な毎日でしたね」

麻紀さんは体も心もとても順調で、医師からも「問題なし！」と太鼓判を押されていたそうです。だから何の心配もなく、夫婦二人でお腹のなかの赤ちゃんに話しかけたり、歌を歌ったりして、出産の日を心待ちにしていました。

ところが、予定日の一週間前くらいから、麻紀さんはなぜか胸騒ぎがしはじめたそうです。母親の勘というのでしょうか、気になって、数日おきに病院に行きますが、医師からは「順調ですよ」といわれます。だけど、なんとなくおかしい。

そして、出産予定日の朝、いつもは感じるはずの胎動がなかったのです。

「診察をしてくれた助産師さんも、『心音がとれない』とあわてだして、エコーで見ると赤ちゃんの心臓が止まっていることは、私の目でもはっきりわかりました。目の前が真っ暗になって、どうかこれが夢であってほしいと……」

そのころ、雅さんは会社で会議の真っ只中でした。でも、そろそろうまれるんじゃないかと携帯電話を握りしめ、心は病院に飛んでいたそうです。

「電話があったんですが、赤ちゃんの心拍が確認できないので、いますぐ病院にきてもらいたいと……。一時間半の移動中、妻をどう慰めようか、ずっと考えていました」

すぐに会社を出て、病院にかけつけた雅さん。病室のドアを開けると、

「産んだらこの子と離ればなれになるから、絶対にお腹のなかから出したくない」

と泣きじゃくる麻紀さんがいました。そんな麻紀さんを、雅さんは静かに抱きしめました。そして、夫婦二人だけにしてもらい、麻紀さんがすこし落ち着くと、

「赤ちゃんをきれいなまま出してあげて、抱きしめてあげよう」

とやさしく声をかけたそうです。

もし、僕だったら、このときどうふるまっただろう。呆然《ぼうぜん》として、その場から動けなかったかもしれません。雅さんのように冷静になって、奥さんを抱きしめてあ

げることができただろうか……。

「妻は、お腹のなかの赤ちゃんが死んだことを肉体的にも感じるわけですよね。だから、泣き叫ぶのも当然です。でも、僕は、一緒に泣いてちゃ絶対ダメだって思いました。じつは、妊娠がわかった当初から、妊娠・出産はリスクをともなうものだから、こういうことがあるかもしれない、という意識はあったような気がします。

男性は、子どもがうまれてくるまでは、直接的には何もできません。でも、父親として、妻や子どもにしてあげられることは何だろうと考えたとき、やはり、何か起きたときに支えることなんじゃないかと思いました。だから、絶対にあっては嫌だけれど、もし何か起きたときには自分がしっかりしなくちゃいけないって、ずっと思っていたんです」

亡くなった赤ちゃんを、お腹のなかにそのままとどめておくことはできません。雅さんの支えもあり、麻紀さんは翌日、陣痛促進剤を使って、八時間の陣痛を乗り越えて二六六〇グラムの女の子を出産しました。

「痛みが長時間続いたのはつらかったけれど、でも、その八時間のあいだに気持ちの整理がすこしずつついて、娘を迎え入れる準備ができていったような気がします。泣いてくれるかも……って、心のどこかでわずかな希望を持っていたんですが、とても静かな出産でした。でも、十カ月間、ずっと会いたくてたまらなかった娘にやっと会えて、うれしくてたまらなかったです。娘はほっぺもすべすべで、この世の中にこんな美しいものがあったんだ、というくらいかわいかった」

と、麻紀さんは涙を流していました。

出産のあいだ、雅さんはずっと、麻紀さんの側にいて励ましつづけました。

「普通は、出産が子どもにとって人生のスタートじゃないですか。でも、この子にとって、それは死の確認であって、お別れになるわけですよね。だから、妻はなかなか気持ちの整理がつかなかったと思います。でも、ほんとうによくがんばって産んでくれた。赤ちゃんに会えたときは感動しましたし、感謝の気持ちでいっぱいでした。とにかく、かわいかったです」

二人は赤ちゃんに、「寒い季節にも美しい花を咲かせる椿《つばき》のように、心の強い女の子に育ってほしい」という願いを込めて、「椿」という名前をつけ、家族三人で写真を撮りました。

生を受けられなかった赤ちゃんに名前をつけ、一緒に写真を撮るということに違和感を感じる方もいるかもしれません。でも、関根さん夫婦にとって、椿ちゃんは「なかった」ことではなく、「ちゃんとうまれてきた」のです。

さめじまボンディングクリニック院長・鮫島浩二先生は、次のようにいいます。

「妊娠がわかったら、それは、いのちが体に入ってきたということです。もう、そこから、その子の人生は始まっているのです。だから、流産や死産を経験された方は、わが子をなくしたということなんです」

麻紀さんは、こう話しています。

「二人で椿を抱いて写真を撮っていた時間は、宝物のようなひとときでした。ずっと一緒にいたかった。でも、夫と話し合い、きれいなまま天国に送り出そうと、三日後にお葬式をあげました」

「なぜ私の子どもはうまれてこなかったの？」

ただ、それで気持ちの整理がつくはずもありません。その後、関根さん夫婦は、

街で妊婦さんや赤ちゃんを抱いているお母さんを見かけるたびに心が痛み、

「みんな元気な赤ちゃんを産んでいるのに、なぜ、私たちの子だけ亡くならなければならなかったんだろう。それほど悪いことをしたんだろうか」

と、自分を責める日々を過ごします。

まわりは自分が妊娠したことを知っていて、そろそろうまれたころだと思っている。誰に何をいわれるかわからない恐怖で、麻紀さんはしばらくのあいだ、家に引きこもり状態でした。

雅さんは仕事があるので会社には行っていましたが、

「出勤途中に、幼い子どもたちが保育園に通う姿を見て出勤ルートを変更したり、社内にいる妊婦さんを見て目を逸《そ》らすことがあった」

といいます。

麻紀さんも、月日がたつにつれ、うまれていたらそろそろお宮参りの時期かな、そろそろ笑ってくれているころかな、と無意識に想像し、気がつけば朝から晩まで同じ場所にうずくまったまま、泣きつづけていたこともあったそうです。

そんな二人に対して、やはり、まわりの人たちはどう対処していいのかわからなかったようです。

麻紀さんは、そのときの気持ちを次のように話します。

「いちばん傷ついたのは、『なんで気づかなかったの?』という言葉ですね。そんなことをいわれたって、私にも、なぜ椿が亡くなったのかわからないんです。ほかには、『きっとうまれても長くなかったよ』という、赤ちゃんの存在を否定するような言葉もありました。そして、『まだ若いんだから、また次、できるよ』と……。相手はそうやって慰めてくれているのでしょうけれど、それよりも私には、『つらかったね』のひと言でよかった。共感というか、赤ちゃんの死を一緒に悲しんでほしかっただけなんです」

周囲の人たちは、なにも悪気があってそういったわけではないと思いますが、いろいろと取材をすると、慰めようとする言葉の数々に、お母さんとお父さんは深く傷つき、怒りを感じることがあるようです。

誕生死はこれまで、話すことすらタブー視されてきたことですから、ほとんどの方が、何といっていいのかわからないんですよね。僕も、もしかしたら同じようなことをいっていたかもしれません。

そうして、多くの方が、亡くなったわが子のことを口にしなくなり、悲しみを内に秘めていくのでしょう……。

鮫島先生は、次のようにいいます。

「まわりからは、『どうして？』という言葉がよく出ますが、そういわれると、多くのお母さんは自分が責められていると感じてしまうんですね。実際、流産などはほとんどの場合、染色体の異常がベースにあるといわれていて、これはもう人間の英知のおよばない領域の話なんです。人間がコントロールできるような話じゃない。だから、僕は、ご主人やご家族の方たちには、原因の話をするのはやめましょうといいます。そうでないと、本人がどんどん追い詰められていきますから。

周囲は、まず悲しみを共有して、お母さんの苦労をねぎらい、一緒に乗り越えようという気持ちを示すことが大切です。そうした思いがお母さんに伝われば、お母さんの心のなかに、癒しや平安、希望が見えてくると思うんです」

「誕生死」の意味　～赤ちゃんのメッセージ～

鮫島先生のようなお産の専門家の方々は、日常的に誕生死を経験されています。そこで、悲しみを乗り越えるヒントはないものか、たずねてみました。

胎内記憶にくわしい産婦人科医の池川明先生は、こういいます。

「とてもスピリチュアルな話になりますが、人はうまれるときに、自分で人生のシナリオを書いてうまれてくると思っています。ですから、親には、『うまれたら長く生きて！』という願いがあるかもしれませんが、子どもたちからすると、『そんなに長く生きる予定じゃないよ！』っていう子が、もしかしたらいるのかもしれません。

じゃあ、なんでわざわざくるのか。それは、どんな子どもたちも、親を幸せにするために、お腹に宿り、うまれてくるんだと思うんです。その子がたとえ数週間、数カ月間のいのちだったとしても、それは、『うまれる』ということであって、それぞれのいのちをまっとうしてお空に帰るんです。そして、それまであまり意識していなかった、いのちって大切だよ、人にやさしくなるってすてきだよっていうメッセージを伝えてくれたんじゃないか、と思うときがよくあります」

また、ご自身にも流産の経験があるというバースコーディネーターの大葉ナナコさんは、こんな話をしてくれました。

「完璧ないのちなんてない、と私は思うんです。なぜかというと、いのちだから。医学では絶対に助けられないいのちも存在する。でも、うまれてこられなかったいのちも、伝えようとしてくれたことがあるんじゃないか。そう考えると、また前を向いていけるんじゃないかと思います」

さらに、大葉さんは、誕生死を経験したお母さんやお父さんにはきちんと泣いてほしい、といいます。

「どうしても、原因探しばかりしがちですけれども、それよりも、ちゃんと泣くことが大事だと思うんです。おいおい泣いて、うんと悲しんでほしい。雲の上に帰っていった赤ちゃんは、それを見て、『会えなかったことをこんなに悲しんでくれている』って、うれしいはずです。だから、ちゃんと泣く、ちゃんと悲しむというプロセスがとても大切だと思うんです」

不妊治療の専門家で、ミオ・ファティリティ・クリニック（鳥取県米子市）院長・見尾保幸先生は、誕生死した赤ちゃんはお母さんが次の妊娠をしやすい体にしてくれる、といいます。

「一回でも、妊娠あるいは流産を経験した女性は、ホルモンの分泌が活発になり、卵巣の機能や子宮の機能もものすごく成熟して、より妊娠しやすい体に変わっていくんです。だから、亡くなった赤ちゃんには、『ありがとう』という気持ちを持って、そして次、元気な赤ちゃんに出会えるようにがんばるからね、と思ってほしい」

天国郵便局からのお便り

わが子を亡くす――このような極端な経験をしたとき、ほんとうの夫婦愛が問われるのかもしれません。麻紀さんは、雅さんがいつも側にいてくれたおかげで、ほんとうに救われた、といいます。

「椿は私のお腹のなかで亡くなったけれど、自分の一生を精いっぱい、まっとうしたんだよって、夫がいうんです。そして、私が幸せだったんだから、椿も幸せだったはずだって……。そんな夫のおかげで、すこしずつ現実を受け入れられるようになっていったように思います」

こうして、徐々に立ち直っていった二人にとって支えだったのは、インターネットのブログ。関根さん夫婦と同じ体験をした人たちのブログがたくさんあることを知り、悲しみを共有できたといいます。

そして、さらに二人を救ってくれたのは、前述の鮫島先生でした。麻紀さんは妊娠中、友人から一冊の本をプレゼントされたそうです。

「それは、鮫島先生が書かれた『わたしがあなたを選びました』（主婦の友社）という本で、読んでみると、つわりとかいろいろつらいことがあるかもしれないけど、お母さん、がんばって、私はあなたの子どもになりたいから、あなたのお腹にきたんだよ、と書かれていたんです。だから私は、妊娠中に何度も何度も繰り返し読みました」

しかし、自分を選んでくれたはずの子どもは、うまれることができなかった。自分に会いにきたはずなのに、なぜ会えなかったのか——。いいようのない無力感に突き動かされた関根さん夫婦は、勇気を振り絞って鮫島先生に会いにいったのです。「自分の患者でもない私の話を、先生はほんとうによく聞いてくださった。妊娠すれば椿がもどってきてくれるような気がして、次の妊娠を焦っていた私に、『まだ出産をして間もないのだから、次の子どもを望む時期ではないですよ。いまは椿ちゃんと家族三人の時間を大切にしましょうね』とおっしゃってくれたんです。そして、『あなたには、根っこのいい旦那さんがついているんだから、二人でよく話し合って、ゆっくり体調を整えていきましょう』って。すごく気持ちが落ち着きました」

そしてその二週間後、椿ちゃんの月命日に、小包が届きました。送り主は鮫島先生。「クリニックに忘れ物でもしたのかな？」と思いながら、麻紀さんが包みを開けると、クマのぬいぐるみと「天国郵便局より」という手紙が添えられていました。

それは、椿ちゃんからのお手紙でした。

　おとうさん、おかあさん。悲しい思いをさせてごめんなさい。
　天国を出発する前、神様から

「おとうさんたちと一緒にいられる時間は短いですよ。
それでも行きますか？」
と聞かれた時、ほんとうにショックで、悩みました。
しかし、あなたたちが仲睦まじく結び合っている姿を見て、
地上に降りる決心をしました。
たとえ一緒にいる時間は短くても、
あなたたちの子どもに数えられたかったからです。
そしてわたしの夢はかなえられました。
いまわたしは、あなたたちと共に過ごした、
短いけれども楽しかった日々に思いを馳せ、
わたしに続き、あなたたちの家族になりたいというきょうだいたちに
あなたたちのことを自慢する日々です。
わたしは親戚のみんなと一緒に元気にしていますので、
もうこれ以上、悲しまないでください。
そして、心から「わたしの選びは正しかった」と言わせてください。

わたしは永遠にあなたたちの子どもです。
そのことをわたしは誇りに思っています。

つばきより

「これを読んで、すごくうれしくて、クマのぬいぐるみを抱きしめてしばらく泣いていました。そうか、椿は最初から知ってたんだなあ〜って。生きてうまれることはできないけれど、それでも私たちの子どもになりたいと思って、椿はきてくれたんだって。そう思ったら、ほんとうに愛おしくてありがたくて。だから、決して悲しい思い出なんかにしたくない。私は椿のぶんまで生きて、ずっと彼女を愛しつづけていこうと思いました」

雅さんも、手紙によって「心が癒された」といいます。

「『わたしの選びは正しかったと言わせてください』っていうのは、僕としてもそういうふうに思っていてほしかったから、すごくうれしかったですね。僕たちも今後、椿にずっとそう思ってもらえるような人間になりたいと思いましたね」

見えないいのちを、あるものとして考えるなんて信じられない、という人もいるかもしれません。

けれど、実際には、目に見えないものに勇気づけられたり、心を癒されることで悲しみを乗り越えようとする方はたくさんいます。そうでもしないかぎり、救われないほどつらい現実に直面しているともいえるのではないでしょうか。

お腹のなかで亡くなるいのちも、出生後、早くして亡くなったいのちも、そのいのちは短かったかもしれないけれど、たしかにこの世に誕生したのです。椿ちゃんはそのことを、麻紀さん、雅さん、そして僕たちに伝えるためにきてくれた。僕はそう思いたいです。

そして、それだけでなく、椿ちゃんは、お母さん、お父さんに大きなメッセージを残していってくれたのです。

「天使になった子どもがほんとうの家族にしてくれた」

椿ちゃんの死を受け入れ、いまでは強い絆で結ばれている関根さん夫婦。僕の目から見ても、二人はこの先どんなことが起きても力を合わせて乗り切っていくだろうなあって思いますが、じつは、椿ちゃんがうまれるまで、二人は難しい関係にあったといいます。

麻紀さんは高校の教員という仕事にやりがいを見出していましたが、職場が遠くにありました。子育てをしながら自宅から通うのは、時間的にも体力的にも大変です。

さいわい、職場の近くに実家があるので、平日は子どもと一緒に実家で過ごし、週末に家にもどって夫と過ごそう、つまり週末婚をしようと考えていました。夫の雅さんは、「一緒に暮らしたい」と思っていましたが、「これからの女性は働くべき」という麻紀さんの気持ちも尊重したかったそうです。

ただ、お互い忙しさにかまけて、平日はほとんど会話のない状態でした。それも覚悟のうえで結婚したつもりだったけれど、そういう生活にすこし嫌気がさしていました。

でも、お互いの生き方を尊重するためには、子どもがうまれても、夫婦それぞれの生活ペースをキープしたほうがいい。それには、週末婚というかたちがベターだろうと考えたそうです。

ところが、椿ちゃんが天国にもどってから、麻紀さんの考えはガラリと変わりました。

「出産するときも、夫がずっとついていてくれて、励ましてくれたんです。端からみたら、やっぱり悲しい出産じゃないですか。でも、彼は決して悲しい顔をせずに、『がんばって』と励ましてくれた。それは、私たちが家族だからなんですよね。そのことに気づいて、ほんとうにうれしかったし、すごく勇気づけられました。あらためて、この人と結婚してよかったなあ、と強く思いました」

雅さんはいまでも毎日、仕事から帰ると椿ちゃんのところへ行き、「ただいま」と声をかけるそうです。

「たまに娘におみやげを買ってきてくれるんですよ（笑）。そんなふうに、毎日の生活のなかで、夫の、娘に対するやさしさが伝わってきて、ああ、この人も私と同じように娘を産んだんだなあ、私たちはほんとうに家族になれたんだなあ、と感じるようになりましたね」

その後、麻紀さんは仕事をきっぱりやめました。もちろん、仕事と家庭を両立させているお母さんもたくさんいます。けれど、いまの麻紀さんにとっては、仕事よりも何よりも、家族のために生きる、というのがベストな選択だということを、椿ちゃんからのメッセージとして受け取ったそうです。

夫婦から家族になるのが夢だった、という雅さんにとっても、それはうれしい決断だったようです。

「たった十カ月で、いのちを懸けて、大人二人を家族としてまとめるというものすごいことをしてくれた。椿にはほんとうに感謝しています」

椿ちゃんの死を受け入れることで、関根さん夫婦は、

「ほんとうに大切なことがよくわかるようになった」

と話しています。

雅さんは、こういいます。

「椿が亡くなった理由はわかりません。死ぬことに理由なんてないんだ、ということをすごく思いました。だから、逆に、いまを一生懸命生きようという気持ちが強くなりました。いま心臓が動いて生きているというだけで、ある意味、奇跡的なことです。だから、まわりのすべてに感謝し、ありがとうと思うようになりました」

麻紀さんも、椿ちゃんへの感謝の気持ちを口にします。

「いまは、ありがとうっていう気持ちがいちばん強いですね。私のお腹にきてくれて、そして十カ月間しっかり生きてくれて、そして、うまれてくれて。この子の出産は、同時にお別れのときでもあったんですけど、でも、私は、あの出産が決して悲しいものではなかったな、と思います。やっぱり、十カ月間、会いたくてたまらなかったこの子に会えて、ほんとうにうれしかったし、とってもかわいかった。私にとっては、この子にかかわるすべてのことが大切な宝物ですね」

「だからいまは、日々、完全燃焼だよね」

と、二人。

椿ちゃんは、お父さんとお母さんにほんとうに大きな、そして大切なものを残していってくれたんだなあ、と感じます。

誕生死は大切ないのちを失うことだけれど、目には見えなくてもいのちは消えずに存在し、お父さん、お母さんと一緒に生きる「家族」であることに変わりはないんですね。関根さん夫婦を見ていて、そう感じました。

すこし前までは、うまれて、そして生きるということが当たり前のことだと思っていた僕も、椿ちゃんからすばらしいプレゼントをもらったような気がしています。

このような誕生死の話をたくさん聞かせてもらって、ふと思ったことがあります。

――もしかしたら、僕の母も同じ体験をしているのかもしれない。

この映画づくりを通して、すこしずつ、両親とも「うまれる」話ができるようになった僕は、あるとき、勇気を振り絞って、流産や死産のことを聞いてみました。

すると、「あなたと弟のあいだに流産した子がいる」といわれ、とても驚きました。母にとっては三十数年、封印してきたことで、僕が聞かなかったらお墓まで持っていった話だと思います。

複雑な気分でしたが、もしかしたら、その子が僕のことを見守ってくれているかもしれないな、とファンタジーなことを考えて、励まされる気持ちもあります。

もし、うまれていたら、どんな弟・妹になっていたのかな？

でも、彼・彼女は精いっぱい生きて、寿命をまっとうして、幸せな気分で天にもどったんだなと、いまでは思えるようになりました。

第四章　二人で迎えるいのち

～男女の役割とパートナーシップ～

お産って選べるの？

誕生死について取材し、あらためていのちのあり方について考えると、ますます「うまれる」ということに興味が湧いてきました。

伴まどかさんと夫の真和さん、そして、お腹の赤ちゃんは元気にしているかな……と思って訪ねると、まどかさんは妊娠七カ月目、いわゆる「妊娠後期」に入ったところでした。

まどかさんのお腹もずいぶんと大きくなってきました。ザ・妊婦といった感じです。それだけに体が重くて思うようにならないようで、ちょっと動くと息が上がって大変そうです。掃除や洗濯も、「よっこらしょ」「せーの」なんていう掛け声をかけながらやっていました。

日常生活のなかで不自由に感じられることが多くなって、まどかさんはストレスがたまり気味です。

「お腹が大きくなって、前屈みができなくなりましたね。がんばって屈むと、息苦しい。あと、足下が見えなくなってきました。だから最近、階段は斜め降りで、手すりにつかまりながら、ヨイショ、ヨイショって。それでも三十秒くらいでぜーぜー、はーはーしちゃって、もう、情けないですよ（笑）」

とくに、まどかさんの場合、もともと腰が弱く、腰椎椎間板《ようついついかんばん》ヘルニアを患っていました。妊娠直前には入院もしているので、すこしでも負担がかかると腰がずーんと重くなり、痛みも出てくるのだそうです。

ほかに、「眠れないのもキツイ」と、まどかさん。布団に入っても、一、二時間で目が覚めてしまうそうです。

「眠れないのは、体がお母さんになる準備をしている証拠みたいです。赤ちゃんがうまれたら授乳が始まるので、妊娠九カ月や十カ月になると、夜になっても数時間おきに目がさめるという状態になってくるようです」

と、助産師のまどかさんは語ります。

ただ、体が重くても眠れなくて少々きつくても、お産をスムーズに進めるために筋力をつけなくてはいけないし、体重を管理しなければならないし、イライラを解消するためにも適度な運動は必要です。

ああ、妊婦さんって大変！

妊婦さんが必ず行わなければならないことに、妊婦健診があります。最初のころは月に一回、だんだんと間隔が短くなり、臨月になると週に一回、合計すると二〇回近く、定期的に健診を受けなければなりません。

妊婦健診では、お母さんと赤ちゃんの体調確認のほか、さまざまなリスクの早期発見や予防を行います。医療が発達した現代においても、ノーリスクのお産は存在しません。出産までに心と体を整え、パートナーや、医療との連携を図りながら、準備を進めることが大切です。

ところで、まどかさんは、出産の場として助産院を選びました。

助産院とは、助産師が開いている出産のための施設で、病院とは違います。医師がいないため、陣痛促進剤を使ったり、帝王切開や鉗子《かんし》分娩（難産の際に、鉗子と呼ばれる金属の大きなハサミのような器具で赤ちゃんの頭を挟んで引き出すこと）、会陰切開などの医療行為を行わず、陣痛とお母さんの腹圧だけに頼る、いわゆる自然分娩によって赤ちゃんを迎えるところです。

助産院の魅力は、アットホームな雰囲気だといわれます。おおむね一軒家なので、自宅にいるような感覚でお産ができます。また、規模が小さいので、一人ひとり、ていねいな対応をしてもらえるようです。

病院では、どうしても担当医や助産師が代わることが多いのに対して、助産院では一人の助産師さんにずっと診てもらえるので、妊婦さんと助産師さんとのあいだに強い絆が生まれます。

さらに、助産院には病院のような分娩台がなく、自分の好きな姿勢、いわゆるフリースタイルで産めるのがいい、というのが、助産院でのお産を望む人たちの声のようです。

日本では五十年くらい前までは、おもに自宅でお産が行われていました。それが、いつしか助産院で産むようになり、やがて病院へと産む場所が変わっていきました。いま、お産をする人の九九パーセントは病院を選ぶそうですが、わずか一パーセントながらも、まどかさんのように助産院あるいは自宅を選択する人がいます。

お産は病院でだけ行われると思っていた僕ですから、産む場所を自分で選ぶなんていう発想は、まったくありませんでした。『えらぶお産』『えらんだお産』（ともに河出書房新社）という本を書かれているバースコーディネーターの大葉ナナコさんは、次のように述べています。

「映画やテレビなどの影響で、出産に対して怖いというイメージを持ってしまい、自分の力でできることは何もない、と思っている方が多いんですが、日本では諸外国に比べて、産み方にいろいろな選択肢があるんですね。お母さんとお腹のなかの赤ちゃんが健康で、医療のバックアップがあることが前提ですけれど、八割の方は正常なお産ができるといわれていますし、二割の方も医療にサポートされるなかで幸せな出産をされています。ですから、妊娠中、健康でいるように気をつければ、自分らしいお産が選べると思います。帝王切開だっていいお産だったという人がいるのですから、主体的になることを楽しんでほしいと思います」

ただ、お産の方法を選べることを知ってほしくないと考える医師も、少なからずいるようです。忙しいのにいろいろ聞かれて時間がかかったり、中途半端に知識を持つと適切な指導ができなくなったりするなど、デメリットもあるからだといいます。

また、医学的な理由から、自分でお産を選べない場合もあります。昭和大学医学部産婦人科学教室主任教授の岡井崇先生によれば、世界でもっとも医療技術が進んでいるといわれるこの日本においても、妊娠・出産はいのちのリスクをともなうからです。

「できるだけ医療介入なしで元気な子を産めれば、それに越したことはありません。しかし、現在も年間五〇人ほどの妊婦さんが出産によって亡くなっていますし、胎児はその一〇〇倍、亡くなる率が高いんです。うまれてくるというのは、それほど大変なことなんです」

母体のリスクとしては、赤ちゃんとお母さんをつないでいる胎盤の異常、分娩後の出血や呼吸困難、血圧が急激に下がってショック状態に陥る……など。赤ちゃんのリスクとしては、産道を通ってくる途中で苦しくなって心音が下がってしまう……など。いずれも、いのちにかかわるリスクです。

とくに、妊婦さんが高齢であるほど、そうしたリスクが高くなるため、病院側としっかりコミュニケーションをとって、お産に臨む必要がありそうです。このような場合、医療行為を行えない助産院、あるいは自宅だと、すぐに処置ができません。それが、病院以外での出産のデメリットといえます。

ただ、助産院では、緊急事態が起きた場合、提携している病院で対応してくれるので、おおむね何事もなく出産できます。

それでも、病院に着くまで時間がかかったり、深刻な事態に陥ったときには、さらに別の病院へ移送されたりする場合もありますので、産む場所や産み方は、そうしたことも考えたうえで選ぶ必要があるようです。

出産を機会に親子関係を修復する

では、まどかさんは、病院という選択肢もあるなかで、なぜ、助産院での出産を選んだのでしょう?

「病院で出産するときに、いちばん大事なことは、当たり前ですが〝安全〟なんです。だから、すこしでも安全性が低くなりそうになると、お母さんや赤ちゃんの力を信じるというより、予防という観点から、いろいろな処置をしていくんですね。そのことを否定するわけではないのだけれど、助産師としてさまざまな出産に立ち会っていると、妊娠・出産というのは病気ではなく、自然の営みなんだなって思うんです。だから、なるべく自分の体と赤ちゃんの力を信じつつ、赤ちゃんを迎えてみようと思って、助産院で出産することにしたんです」

調べてみると、幸いなことに、自宅から車で十分ほどのところに助産院が見つかりました。マタニティルーム伊深（埼玉県狭山市）院長・伊深佳洋子先生とは、同じ助産師ということもあり、すぐに信頼関係が築かれたようです。まどかさんは健診に行くたびに、体や心の変化についての疑問や不安などを話していました。

「途中で、おしっこに糖が出るようになったり、お腹が張ったりしたのですが、先生とお話ししているとずいぶん気持ちが落ち着きました」

じつは、まどかさんのお腹のなかの赤ちゃんは、二十週をすぎたころに突然、逆子になってしまいました。通常、お腹のなかの赤ちゃんは頭を下にした状態になっているのですが、何らかの原因で頭が上になった状態を逆子といいます。僕から見ると、頭が下のほうが「逆」に見えるので、ちょっとややこしいです（笑）。

出産のとき、赤ちゃんは頭から出てきますが、逆子で足から出ると、頭が引っかかってしまうことが多いので、逆子の場合、多くは帝王切開となり、助産院での出産はできなくなります。

「困ったなあ、と思ったんですが、逆子を直す方法はいろいろあるからと先生が励ましてくださって、お灸《きゅう》や体操など、とにかくやれることは全部やりました」

妊婦さんにとって、逆子は懸念事項の一つです。ただ、逆子は、子宮が急拡大したことで子宮内にスペースができ、何らかの拍子で赤ちゃんがクルっとまわって起こることが多いようです。誰にでも起こりうることで、もし逆子になっても対処法はあるそうです。

まどかさんの場合、願いが通じたのか、努力が実を結んだのか、一週間後、嘘のように逆子が直っていました。よかった、よかった！

まどかさんに不安や心配事ができるたびに、伊深先生は一緒になって考えて、アドバイスをしてくれます。あるとき、何かの拍子に、話がお母さんのことにおよびました。

「私が中学生のときに母は出ていったので、それから十六年間、会っていません。母とはうまくいってなかったんです」

と、まどかさんが話をすると、伊深先生がこんなことをいいました。

「以前にも、出産を機会に親子関係を修復した人がいるんですよ。赤ちゃんを産むと、気持ちが変わってくるかもしれない。いのちを扱う助産師として、自分の親子関係を解決していかないとね。どんな状況でも、親に感謝できるようになれば一人前。うまれて、生きてきたこと自体が奇跡なんだからね」

まどかさんは複雑な表情を浮かべながらも、伊深先生の言葉を重く受け止めます。

「今回の妊娠・出産を通して、自分のなかで乗り越えなくちゃいけない課題は、やっぱり親子関係でしょうね。それを自分のなかで消化することが大事なんだろうな、と思っています」

まどかさんとお母さんのことについて、夫の真和さんに聞いてみました。

「『会ってみたいと思わない？』とか、そういう話はします。でも、いまは、会う気はないみたいですね、まったく」

ただ、真和さん自身は会ってみたいそうです。

「やっぱり、大変な思いをして、大切な彼女を産んでくれたとも思うので……。たぶん、妻よりは僕のほうが会ってみたい度は高いかもしれないですね」

男性にもできる！　パートナーのサポート法

　まどかさんは、家事の合間に近くの公園に散歩にいくのが日課です。僕も一緒に連れていってもらいました。

「今日はあんまり人がいないねー。このあいだ、お祭りやってたのにねー」

　まどかさんは、よくお腹のなかの赤ちゃんに声をかけています。話しかけることで、赤ちゃんに対する愛情が増していくことを実感しているようです。

「なんか話しかけたあとに、もにょもにょ～って動いてくれると、あ、聞いてんのかなーって幸せになります。でも、『男の子ですか？　女の子ですか？』って形式ばった質問をすると、シーンってするんです（笑）」

　まどかさん、お腹も大きくなって、歩くのも大変そうです。

「最近は、ずっと同じ姿勢でいるのがつらいんですよ。テレビを見ているときも、ずっと座っていると足がむくんで、ふくらはぎがパンパンに張ってくるんです。そうなると、皮膚がはちきれそうになって、痛くて痛くて。だから、寝転んでしか見られないんです。ホントにお腹が重い！　旦那も一度、五キロのお米をお腹に乗っけて寝てみてほしいです！（笑）」

と、そこへ真和さんから電話。

「もしもし？　お昼？　まだだよ。えっとね、さっきお腹さわったら、頭がさっきの場所にまたいたよ」

ほんの一分くらいの短い会話でしたが、真和さんは仕事先からもまめに電話をくれるといいます。

「『お腹の張りはどう？』とか、『赤ちゃん動いてますか？』とか、『お昼食べましたか？』とか、話すことはいつも同じなんですけど。でも、心配してくれているんだなと思って、うれしいです」

真和さんは、まだまだ父親になることについてはピンときていないようですが、まずは、まどかさんをサポートすることから始めようとしています。

「僕は妊娠・出産のことは何もわからない。大変なんだろうな、痛いんだろうな、いのちがけなんだろうなってことしかわからないですね。男は何ができるかといったら、奥さんにやさしくするとか、応援することしかできないけれど、そこを僕はがんばって、やっていきたいと思っています」

ちなみに、妊娠中のパートナーは、どんなサポートを必要としているのでしょうか。男は何をしたらいいのか、妊婦さんたちに取材をすると、次のような項目があがりました。

・早めに帰宅する
・家事全般を手伝う
・タバコをやめる
・重いものを代わりに持つ
・マッサージをする
・一緒に散歩する
・やさしくする
・話を聞く

真和さんに聞いてみると、「早めに帰宅する」以外は、ほとんど実践しているそうです。

すごい！　真和さん！

「ただ、父親としての自覚はまだまだ（笑）。妊娠・出産の本もひととおり読んだんですけど、難しい言葉もあって、頭に入っていかないんですよ。最後まで読めたのはマンガくらいですね（笑）。父親に何ができるかも、僕なりに調べたんですけど……。結局、『何もできない』っていうのが結論です。痛みを代われるわけではないし、代わりに出産できるわけないし。でも僕は、胸を張って『応援しました！』っていいたいな（笑）」

真和さんは、赤ちゃんがうまれたあとのために、ベビースリング（赤ちゃん用抱っこひも）を肩にかけてみたり、ベビーカーにぬいぐるみを乗せて動かす練習をしてみたり、彼なりにがんばっている様子です。でも、ベビーカーの操作はどうしてもうまくいかないようで、片手で簡単に操作できるはずなのに、何回やっても開けません（笑）。

「プラモデルも最後まで組み立てたことがない人だから。ダメなんだよ、こういうの。情けないなー」

たしかに、真和さん、何をやるにもぎこちなくて、端で見ていてもちょっと心配です（笑）。

赤ちゃんがうまれたとき、真和さんはちゃんと父親になれるのでしょうか？

キーワードは「どうしてほしい？」

真和さんの姿を見ながら、「はたして、男はどうやって父親になっていくんだろうか」と疑問に思いました。これまで撮影・取材をした方や、僕の友人・知人にしても、男性には身体的変化がないし、胎動や陣痛ももちろん体験しないので、真和さんと同じように、「父親になるということが、いま一つピンとこない」という声が多いんです。

子育てにかなり熱心な男性でも、

「愛するわが子がそのなかにいるんだと頭ではわかっているけど、やっぱり〝デカい腹〟にしか見えなかった」

といっていたり（笑）、うまれてからも、

「パパって呼ばれないと、父親になった実感が湧かない」

という人もけっこういて、意識のなかで父親になるにはやはり時間がかかるみたいです。

「でもね、男の人ってすごいなって、私は思うんですよ」

というのは、大葉ナナコさんです。

「女性は、お腹のなかで赤ちゃんが動いたりすると、母性が芽生えてくるし、赤ちゃんがうまれたら、お乳が出て、体が自動的に母親になるんです。でも、男性は精神性とか意識で父親になっていくわけですよね。それでいて、あんなに赤ちゃんをかわいがれるし、家族のために一生懸命働ける。男性って、すごいな、すてきだなと思うんです」

でも、男性は赤ちゃんができたということを自分の体で実感できないだけに、女性（妻）の気持ちがいま一つわかりません。サポートしたい気持ちはあるのに、女性がいま何を望んでいるのか汲み取れず、「よく夫婦げんかをしていた」という話も耳にします。

僕と同じく男性である、さめじまボンディングクリニック院長・鮫島浩二先生によると、黄金の言葉は、「どうしてほしい？」だそうです。

「どうしてほしいかを必死で考えたところでね、大した知識もないんですから(笑)。だから、やってほしいことを聞いてあげれば、いちばん的確です。この黄金の言葉、『どうしてほしい?』を忘れないようにして、お産とつきあうのがいいんじゃないかと思います」

ちなみに、父親になる自覚を持つために男性は何をすればいいのか、何ができるのかを、医師や妊婦さんに取材すると、次のようになりました。

- 妊婦健診に一緒に行く
- 出産準備クラスや両親学級に一緒に参加する
- 妊婦さんと同じような生活をしてみる(睡眠、食生活、禁酒・禁煙、運動など)
- お腹のなかの赤ちゃんに話しかけてみる
- お腹のなかの赤ちゃんに名前をつけてみる

パパになる男性の不安もわかってほしい

鮫島先生は、こういいます。

「男性は妊娠中の女性の体と心がどうなっているか、イメージしにくいということを、女性にも知っておいてほしい。男性が父親になる準備はなかなかできないんですよ。サポートしてあげたい気持ちはあっても、男性は自分の気持ちをあまり表に出さない人が多いから、女性には伝わりにくいんだと思います。

でも、妊婦健診に一緒にこられたご主人が、超音波の画像を見たときの表情を見ると、奥さんよりもご主人のほうが感動していることが少なくないんです。声や表情に出さなくてもね。そこのところをぜひ、奥さんは信じてほしい。そのうえで、妊娠中の体と心の変化をご主人に伝えて、ああそうか、妊娠ってこういうものなんだ、ということをすこしでも理解してもらうようにすると、いい関係が築けるのではないでしょうか」

たしかに、僕ら男性は、いくらがんばったって体が変わらないですから、妊娠・出産をイメージすることは難しいんです。妊婦さんは、「旦那は私の大変さをちっともわかってくれない」というけれど、逆に、どうがんばっても変われない旦那さんの気持ちもわかってほしい！（笑）

さらに、女性には、男も妊娠・出産に対して不安を感じるのだということを知っておいてほしいなあ、と僕は思うのです。

男は父親の自覚がなかなか持てないでいるのに、妻は体も心もどんどん母親らしくなっていく。自分が知らないところでどんどん赤ちゃんと絆を強めていくから、なんだか自分だけが仲間はずれにされたように感じます。

さらに、赤ちゃんがうまれて子育てが始まると、これまでのように気軽に遊びに出かけられなくなるんじゃないか、セックスはできるのか、なんてことも考えるわけです（これ、男にとってはけっこう切実な問題です！）。

こんな自分が、はたして、父親という重大な役割を与えられていいんだろうか、自分は一家の大黒柱としてきちんと家族を養っていけるんだろうか……。考えるだけで緊張しますよ、これは（笑）。

やっぱり、妊娠・出産のことがわからないからこそ、こうした不安が生じるのでしょうし、でも、これらのことは、すこしずつ勉強したり、先輩パパに話を聞いてみたり、何よりも夫婦でじっくり話し合うことで未来が見えてくるんじゃないかと思うんです。

父親になる、母親になるという以前に、パートナーとのあいだできちんとコミュニケーションを図れているかということが重要なんですね。僕もいろいろなご夫婦にお目にかかって、そのことに気づきました。

父親になるためには、何が必要かではなくて、まず、パートナーときちんと心を通わせること。そうやってお互いに理解を深め合っていくと、男性もいつしか父親になれるのかもしれません。

男性にとって妊娠・出産は感受性を学ぶ機会

いろいろと取材をしているうちに、僕はこんなことを思いました。妊娠・出産は、男性にとっては感受性を学ぶいい機会になるんじゃないか、と。

男というのは、基本的に左脳的で、ものごとを論理的に考えたい生き物だと思うんですね。だから、女性がよくいう、「そういうことなのよ」とか、「なんとなく、そう感じるの」ということがよくわからないんです。というか、論理的に納得できないから、イラっとしちゃうんです。

でも、子どもを育てるのに、論理的な思考はあまり役に立たないかもしれない。なぜ、赤ちゃんが泣いているのかわからないことなんて、よくあるでしょうから。そういうときに大切なのは、「そんな感じなのね」という感受性かもしれません。だから、「どうしたら父親になれるのか」と頭で考えるより、とにかくパートナーの気持ちや感情に寄りそうことが大切なのかもしれません。

前述の大葉さんは、次のようにいいます。

「女性って、妊娠中のお腹に声をかけてくれているパートナーを見ると、『私はこの人と一緒に親になっていくんだ』って、すごくうれしくなるんですね。すると、いい血液がいっぱい赤ちゃんに流れるんです。パートナーが妊婦さんやお腹にたくさん話しかけて、妊婦さんがご機嫌になると、赤ちゃんも健康になるんです。これって、父親のすごい実績ですよ」

最近は、出産に向けて、夫婦そろってのワークショップや「両親学級」などがたくさん開催されています。すこしでも不安を解消しようと、伴さん夫婦が出産準備クラスに参加するというので、僕らもついていきました。

まずは、妊娠・出産とはどういうものなのか、女性の体と心の変化、出産にどう備えたらいいのか、といった内容の講義があって、そのあとに、女性は妊婦体操やストレッチ、男性は女性の腰痛をやわらげるマッサージなどの指導を受けます。一〇組くらいのご夫婦が参加していましたが、みなさん、真剣ながらも楽しそうな表情です。

同じ不安と期待を抱えている同士、心が通じ合うのか、すぐに打ち解けて、なごやかなムードです。おしゃべりが情報交換というか、いいガス抜きになっている様子です。

「出産はよくわからない」と男性陣がいうと、それに対して女性陣は、「ひどいね、この人たち〜」なんて大騒ぎをしながらも、笑いが絶えることはありません。

そして、赤ちゃん抱っこの練習では、実際に、先輩ママが連れてきてくれた赤ちゃんを抱かせてもらいます。赤ちゃんを抱っこしてみることで、数カ月後の自分をよく想像できるようになるそうです。

女性も慣れない手つきですが、それ以上に、男性たちは赤ちゃんをどう扱っていいかまったくわからない様子です。こわごわ赤ちゃんを抱かせてもらった真和さんも、その顔を見ると、どうしよう、どうしようという感じで、顔の表情だけでなく、体全体がガチガチ。

けれど、すぐにその表情が変わったんです。ふっと目が穏やかになって、頬の筋肉も緩んでいます。柔らかい表情になったんです。そして、「赤ちゃんって、いいにおいですね。独特のにおい。で、あったかい」なんていって、うれしそうです。

「赤ちゃんの世話を実際にできるのか、妻と一緒にパニックになるんじゃないかという不安もちょっとありますが、今日、いろいろ教えてもらって、がんばろうと思えました」

真和さんの顔は、ワークショップにくる前とは明らかに違いました。これって、父親としての自覚が出てきた、ということでしょうか。僕自身、ワークショップを見学しながら、自分のパートナーが妊娠したときに自分はどうすればいいのかということが、すこしわかったような気がしてきました。

なるほど、こうやって徐々に、父親になる準備というか、覚悟ができていくのかもしれません。

「出産に立ち会って、数字が上がるの？」

出産についての懸案事項の一つは、お父さんが立ち会うかどうかということです。伴さん夫婦は、当初から立ち会い出産を希望していました。ただ、真和さんはソフトウエア会社で営業を担当しており、月の半分は地方出張です。

真和さんは、出産に立ち会いたいので、そのときは会社を休ませてほしい、それが無理なら、せめて出張を入れないようにしてほしい、と前々から会社に願い出ていました。

しかし、真和さんの上司は、こう返答したそうです。

「このきびしい状況で会社を休むの？　出産に立ち会って、数字が上がるの？　上がらないでしょ？　そもそも年末のこの忙しい時期に子どもを産むなんて、君は計画性がない！」

ちょっと、びっくりしませんか？

僕はこの話を聞いて、二〇〇九年でいちばん腹が立ちました！

上司がいいたいのは、つまり、「奥さんの出産より、営業の成績を上げることのほうが大事だろう？」ということなのでしょう。もちろん、上司側にもいろいろと言い分はあるでしょうけれど、人のいのちと、ソフトウエアの売り上げを天秤にかけること自体、ナンセンスだと思いませんか。

僕はこの上司の方に、ぜひ、映画『うまれる』を見てほしい！（笑）

男性の育児参加がなかなか進まないのは、日本にはまだまだこういう会社が存在するからなのでしょうね。

まどかさんも、「なんていう会社！」と怒りを露《あらわ》にしながらも、いまのご時世、そう簡単に真和さんが会社を辞めるわけにはいきません。ただただ、真和さんが家にいるときにうまれてくれることを、赤ちゃんにお願いするばかりです。

「この子の好きなときに出てくればいいんですけど、でも、やっぱりパパがいるときにうまれてほしいですね。母の切なる願いです、それが」

立ち会いについて、ハッピーバースハウス山本助産院院長・山本詩子先生は、こう話しています。

「人が亡くなるときは、家族で見送ります。だとすれば、赤ちゃんがうまれるときも、家族みんなで迎えてあげるのは、ごく自然なことのように感じます」

前述の大葉さんは、こんな考えです。

「ほんとうに二人が望んでいたら、ぜひするべきだと思うんですけれど、『いや、僕がいないほうがいいと思うよ』っていう人もいれば、『夫が立ち会わないほうが私らしく産めるわ』っていう女性もいるのでね。それぞれのカップルが自由に決めるのがいちばんだと思います」

ただ、個人的には、男性が出産に立ち会わないのはもったいないというのが、大葉さんのスタンスです。大葉さんの五回の出産は、すべて立ち会い出産でした。その経験に基づいた言葉なので、実感がこもっています。

「お産というのは、言葉にしつくせないほどの感動があるんです。ほんとうに、感じまくる感動の日。そこに男性が一緒にいないのは、もったいないなと思うんです。一緒にいのちを迎えると、何年たっても、『こうやってうまれたんだよね』『かわいかったよね』って語り合えることが少なくないですよ。すると、彼もすごくうれしそうな顔になるんです。その顔を見ると、ああ、産んだのは私だけじゃない、この人も一緒に産んだんだ、一緒にこの子の親になったんだって実感が強まります。それが育児の支えになるんです。

いのちを産む日を共有できると、その後のいのちを育む日々のなかでも、女性は小さな相談から重大な決断まで、パートナーとシェアしやすくなります。『私、今日はしんどいから、あなたが寝かせつけてくれな〜い』とか、小さなことからね」

お産の様子を目の当たりにして感動する、というのは僕自身、毎回経験していま す。大葉さんもいうように、どう感動したかは言葉にできません。神秘的、鳥肌が立つ、細胞全部が湧きたつよう……なんて、無理に言語化しようとすると安っぽくなるような気がするんです。

だから、立ち会いを嫌がる先生たちには申し訳ないのですが(笑)、僕も周囲の男性たちには、「できるなら、立ち会ったほうがいいよ」っていっています。

男と女が出会って恋をし、結婚をすると、二人の関係は恋人から夫婦になり、出産によって父となり、母となり、家族が新しいかたちに生まれ変わります。つまり、出産は家族の儀式の一つです。だからこそ、できれば、お産はともに取り組むのがいいんじゃないかと思うのです。

また、いままで一人の女性として見ていた妻が「お母さん」になるのは、男にとって寂しい……と感じるかもしれませんが、別の見方をすれば、妻と二人だけだった世界が、子どもを介してどんどん広がっていき、人生が豊かになるのです。

これって、すばらしいことだなあって、たくさんのご夫婦を見ていて思えるようになりました。

何のために立ち会うのか

立ち会い出産については、一緒にへその緒を切らせてくれたり、ビデオ撮影もOKというところもあれば、医療機関によっては認めていないところもあり、さまざまのようです。

ちなみに、立ち会い出産を認めないという医療機関側には、こんな事情があるようです。国立成育医療研究センター周産期診療部部長であり、胎児医学研究の第一人者である左合治彦先生に教えていただきました。

「やはり、いのちにかかわることですから、出産に対して理解の浅い方がその場にいると、医療側も非常にやりにくくなることがあるんです。妊婦さん、つまり奥さんが出血しているのを見て、ご主人が動転し、それによって妊婦さんの不安が増したり、分娩室内がバタバタして、いざというときに医療者の措置の邪魔になったり……ということで、医療側が立ち会い出産を嫌がる部分があるかもしれません」

岡井崇先生のご厚意で、僕らは昭和大学病院で帝王切開の出産を撮影することができたのですが、左合先生のおっしゃることがよく理解できました。三〇平方メートルくらいの手術室のなかに、執刀医、麻酔医、看護師、研修医、そして大学病院だったので手術を見学にきていた将来の名医（医学生）など、十数人がいるのです。大きな医療機器もあるし、太いケーブルもたくさん床を這っている。そんななかで、いのちを預かっているという責任のもと、神経を張りつめて医療行為をしているわけです。

そうしたところに、出産についてほとんど知らない人間がうろうろしたら、間違いなく邪魔になります。そしてそれが、妊婦さんや赤ちゃんのいのちの危険につながるかもしれない。すべてがこのような出産ではありませんが、医療側が立ち会いを拒む気持ちも理解できます。

出産に立ち会うということについて、まず考えるべきことは、何のために立ち会うのかということではないか、と左合先生はいいます。

「立ち会うということが表面的なことなのであれば、むしろ立ち会わないほうがいいかもしれません。仕事を一生懸命やって家計を支えるなど、別のかたちでもサポートできることはたくさんありますから。実際、ご主人が仕事で立ち会えないこともあるでしょう。でも、そこで奥様が、『お父さんは、子どもと私のためにがんばって仕事をしているんだ。私も、がんばってお産をするわ』と思えれば、その場にご主人がいなくてもいいのではないかと思うのです」

まわりの人が、「立ち会い出産をしたほうがいい」というから立ち会うのでは、パートナーもうれしくないかもしれません。また、巷《ちまた》で、「お産を見せれば、夫も育児を手伝うようになるといわれているから」といって夫に立ち会いを強いても、どれほど効果があるのかわかりません。

男性も女性も、自分は新たないのちの誕生の場にどう臨みたいかについて、一度、じっくり考えてみる必要があるかもしれません。

ところで、出産に立ち会ったことで、奥さんのことを「女性として見られなくなった」という話を聞くことが、たまーにあります。そのことを気にして、「一人で出産するわ」という女性もいるでしょう。

ただ、僕が思うに、出産シーンを見たから女性として見られなくなる、というよりも、母親になると育児と家事で手いっぱいになって、化粧やおしゃれをしなくなり、香水なども使わなくなり……と、フェミニンなところがどんどんなくなっていくから、「女性として見られなくなる（＝ああ、この人は〝母〟なんだ）」のかなと思うことがあります。

もし、そのあたりを気にするのであれば、ぜひお産のあとも、旦那様に魅力を感じてもらえるような工夫をしていただければな、と思います。

赤ちゃんはパパに会いにくる？

「赤ちゃんはパパに会いにくると思っています。お腹のなかにいて、ママとはずっと一緒に暮らしてきた。でも、パパに対しては、どんな人なんだろう、どんなことを教えてもらえるんだろう、という期待を持って、うまれてくるんじゃないかと思うんです」

と語る産婦人科の先生もいらっしゃいます。

そういえば、胎内記憶のインタビューをしているときに、次のように話してくれたお子さんがいました。

「(うまれた直後に)パパを見て、この人がパパなんだって思った。パパは見えなかったから、空から。なんかちょっとやさしそうな顔だった」(六歳・山田隼矢くん)

一方、「うまれたとき、パパは見えた?」という質問に、

「パパは見えなかった」

と答えた子もいました。「なんで?」と聞くと、「だって、いつもパパさ、タバコしてるから。だから見えなかった」ですって(笑)。

どうやら、赤ちゃんは、お父さんのこともちゃんと意識しているらしい……。もちろん、男性はなかなか実感できないかもしれませんが、赤ちゃんが女性のお腹にきてくれた時点で、もう、お父さんなんですね。だから、男性も、「お産のことがわからない」「男の自分には何もできない」なんていってられないようです。

僕は絶対に、パートナーの出産には立ち会おう。あ、もちろんパートナーがそれを快諾してくれたら、の話ですが（笑）。

大葉さんによれば、いま、九割近くの夫婦が立ち会い出産を希望しているそうです。ところが、仕事その他の事情で叶わなかったりして、実際に立ち会い出産になるのは六二パーセントくらいだといいます。

「でもね、男性に『おれも一緒に産むよ』という意思があれば、そして、『ごめんな、間に合わなくて。でも、がんばって一緒に育てような』というフォローがあれば、たとえ一人で産むことになっても、女性はがんばれるんですよ」

大葉さんは、笑顔で、そう教えてくれました。

男性が父親になる二十代後半から四十代前半というのは、仕事がいちばん忙しい時期かもしれません。

立ち会い出産のメリットは大きいけれど、仕事に支障をきたすことがあるかもしれないというデメリットもある。その両方を考えて、夫婦で話し合うといいと思います。

だからこそ、立ち会いたかったのにできなかったというのは、なんとも切ないですね。でも、鮫島先生はこういいます。

「お産のときに、横にいることがすべてじゃないんです。大事なのは、お産のその日まで、二人で赤ちゃんを見つめて歩んできたかどうかなんです。だから、立ち会い出産というのは、妊娠したときから始まっているんだという認識を持ってほしいし、最後にいたとかいないとか、あんまりそういうことにこだわりすぎないでほしいですね。それまで歩んできた道筋こそが大事だと思うんですよ」

育児に〝参加〟じゃなく、〝一緒にする〟イクメン

男性の役割は、妊娠・出産のときだけでなく、その後も続きます。親であるかぎり、その先何十年も育児にかかわるわけで、そのなかで男性（父親）がすべきこと、できることは、たくさんあります。

けれど、僕が育った家もそうでしたが、これまでの日本では、子育ては母親に任せっきりという家庭が多かったのではないでしょうか。父親は外でがんばって仕事

をして家計を支えるから、家のことはやらない、というふうに。

そのころに比べると、いまは、子どもとの時間を大切にしたいと考えている男性がずいぶん増えたような気がします。これまで取材した男性陣は、みなさん、子育てを大いに楽しんでいます。

そうしたみなさんを見ていて、家庭というものに夢を抱けなかった僕も、「家族っていいいな」と思えるようになってきました。そして、僕のなかで、「成功者」のイメージが以前とずいぶん変わりました。

一般的に、「成功者」というのは、社会的名声があったり、何か事業を成功させた人、何事かを成し遂げた人、お金をたくさん稼いでいる人……というイメージが強いと思います。

でも、そもそも成功とは何だろうと考えたとき、お金をたくさん持っていても幸せそうでない人はたくさんいます。もちろん、生きていくためには最低限のお金は必要ですが、もしかしたら、ほんとうの幸せとは結びつかないのかもしれません。

バブル崩壊後、ずうっと、不況だ、景気対策だと騒がれています。でも、結局、経済を拡大しようという行為は、人の心を幸せにすることとは別物で、不景気といわれるここ二十年間は、人間がほんとうの幸せを学ぶための大切な期間だったような気がしています。

だからいまは、何が人をほんとうに幸せにするのか、どうやったら人は幸せになれるのか、真剣に考えるいいチャンスだと思うのです。きれいごとに聞こえるかもしれませんが、僕はほんとうにそう考えています。

そして、その考えはきっと間違いではない、そう思わせてくれた人がいます。食材宅配会社に勤める竹内康二さん、三十一歳。妻・早希子さんとのあいだに、現在、諒樹《まさき》くん（三歳）と明日実ちゃん（十一カ月）というかわいいお子さんがいます。

康二さんは、こういいます。

「育児に参加するのではなくて、一緒にするんです」

〝参加する〟というと、妻がメインで夫がサブという感じになります。だから、〝一緒にやる〟というのです。

諒樹くんの保育園への送り迎えも、康二さんと早希子さんで分担します。いまは、朝の送りを康二さん、夕方の迎えを早希子さんがしていますが、「ほんとうは両方やりたい」と康二さんはいいます。

ある日、康二さんが諒樹くんを保育園に送りにいくとき、カメラをまわしました。諒樹くんは自転車の子ども用シートに乗り、二人で歌を歌いながら、楽しそうに朝のひとときを過ごします。そして、保育園に着いてからも、二人はずっと遊んでいます。諒樹くんがパパを大好きなので、離してくれないんです。

でも、康二さんは会社に行かなくてはなりません。そこで、「まさき、またね！」といって会社へ行こうとすると、ダァーッと追いかけてきて、「いやだ！いやだ！」と足をギシッとつかみます。

たまんなく、かわいいです（笑）。

これまでの僕のイメージだと、子どもが離してくれないと、親は怒ったり怒鳴ったりして、無理やり、いうことを聞かせようとしていたと思うんです（少なくとも僕の小さいころはそうでした。笑）。

ところが、康二さんがすごいのは、諒樹くんが興味のありそうなオモチャを出してきて、一緒に遊びはじめるんです。そして、タイミングを見計らって、「じゃあね～」と出発します。

諒樹くんはオモチャに夢中ですから、パパのことはもう、どうでもよさそうな感じになっています（笑）。もちろん、時間との戦いというときもあるでしょうけれど、僕にとっても子育ての大きなヒントになりました。

「妻だけじゃなく、僕も一緒に産んだ！」

そんな康二さんですが、じつは、もともとは出産に立ち会うことも、子育てをするということについても、「実感が湧かないようだった」と妻の早希子さんはいいます。

「でも、それじゃあ困ると思って、『出産準備クラス』に一緒に参加してもらったんです。そこで、妊娠・出産のときに父親がどれだけかかわるかで、その後の育児や家族との関係が変わってくるというようなお話があったんですね。それから、ガラリと意識が変わったみたいです」

康二さん、出産には当然、立ち会いました。そのときのことを思い出しながら、康二さんは次のように話してくれました。

「出産前の健診にはいつも妻と一緒に行っていたし、お腹をさわれば赤ちゃんが動いているのがわかったので、出産のときに初めて『うまれた！』という感じではなかったですね。エコーで赤ちゃんの存在を確認したときが、僕にとっては『まさきがうまれたとき』なのかもしれません。お腹を蹴ったりして、妻とまさきがコミュニケーションしているのを見ていて、すごくうらやましかった。だから、まさきがお腹から出てきたときは、『やっと会えた！』という気持ちがいちばん強かった。出てくる瞬間、僕は何時間もずっと妻を抱えていたので、妻が一人で産んだのではなくて、僕も一緒に産んだって勝手に思ってます（笑）」

康二さんは、心待ちにしていたわが子の誕生を目の前で体験し、涙が止まらなかったといいます。そして、感動のあまり、すぐに母親に電話をし、「産んでくれてありがとう」と受話器越しに何度もお礼をいったそうです。

康二さんは、諒樹くんの出産後、会社では二人目となる育児休暇を二カ月間とったそうです。「（休まなくても）大丈夫だから」という早希子さんを、「こんな機会はそうそうない。ぜひ、おれもやりたい！」といって説き伏せたといいます。

育児休暇をとったことについて、康二さんは、あれはほんとうに貴重な体験だった、と振り返ります。

「育児〝休暇〟だから、多少は休めると思ったんですよ（笑）。でも、ほんとうにやることがたくさんあって、休む時間なんてまったくなかった。妻の大変さが身に沁《し》みてわかりました」

一般的に、男性には、「仕事はストレスフルな状況のなかで八時間以上も働いて大変。それに比べたら、育児なんて楽だ」という感覚があると思います。以前の僕も、そうでした。ところが、康二さんによれば、仕事のほうが全然楽だったそうです。

「子育ては二十四時間、休みがないし、ビジネスライクにすませられない。いつ終わるかわからない会議が、延々と続くような感じなんですよ（笑）」

女性はこんな大変なことを一人でやってきたのかと思うと、早希子さんをはじめ、女性に対する尊敬の念がどんどん増していったといいます。

ほんとうの幸せって何だろう？

前述の大葉さんが、こんなことをいっていました。

「産後一年半、夫がしっかり育児にかかわると、子どもが十一歳になったときも、妻の夫への愛情は変わらない、というデータがあるんですよ。ところが、その時期に夫が育児にノータッチで、ただお金を入れてくれるというATMのような存在になると（笑）、子どもが十一歳になったときに、妻の夫に対する愛情曲線がガクンと下がるという調査結果があるのです」

さらに、男性が一緒に育児をすることは、夫婦だけでなく、親子の関係にも大きなプラスになる、と大葉さんはいいます。

「思春期に入ると、子どもはいろいろなかたちで親に反抗します。そんなとき、お父さんとお母さんががっちりチームを組んで、叱るべきときはお父さんがきちんと叱り、あとでお母さんがやさしくフォローする、ということができると、親の悩みも激減します」

両親の仲が子どもに影響することは、伴さん夫婦や僕自身の経験からもわかります。だとすると、程度の差はあれ、やっぱり男性も、女性と一緒になって育児をするほうがいい、と僕は思うのです。

「家のことや子どものことはすべて妻に任せて、自分は仕事に没頭したい。それもすべて、家族の幸せのためだ」

これまで多くの男性がそう考えて家庭を顧みなかった結果が、いまの日本なのではないでしょうか。家事や育児をしていると仕事がおろそかになる、という人もいるかもしれませんが、そんなことはないと思います。ちなみに、竹内康二さんは会社で残業をしない代わりに、日中の仕事への集中力は独身のころより何倍も高まったそうです。

僕は、竹内さん一家を見ていて、あらためて幸せとは何なのか、成功とはどういうことかを考えさせられました。

竹内さん一家は、豪邸で暮らしているわけでも、高級車に乗っているわけでもないけれど、ほんとうに幸せそうで、家族みんな、いつも笑顔で目が輝いています。

とくに、康二さんを見ていると、これからの男性のあるべき姿、真の成功者というのは、「自分の愛する人を大切にできる人」「家族を幸せにするためにみずから時間をつくりだし、行動する人」なのではないか、と思うようになりました。

僕も、康二さんをお手本に、パートナーの妊娠・出産、そして育児を一緒にしたいですね。そして、そんな男性が一人でも増えたら、世の中で笑顔がすこしだけ増えるんじゃないかなあ、と思うのです。

第五章　医療に救われるいのち

〜18トリソミーの虎ちゃんの成長〜

お母さんは「神の代理人」、産科医・助産師は「神の使い」

「お産は神の領域」――これは、昔ながらの自然なお産にこだわりつづけている吉村医院院長・吉村正先生の言葉です。

僕は、出産に立ち会ったのはまだ一〇回ほどですし、妊娠・出産をテーマに取材・撮影を始めてまだ三年ほどですが、さまざまないのちの体験をしていくうちに、この言葉の意味がなんとなくわかるようになってきました。

これまで述べてきたように、お産の現場にいると、論理的に説明できないというか、やはり、人智を超えたパワーを感じるからです。

そこで、僕が思うようになったのは、お産が神の領域であれば、お母さんは「神の代理人」、助産師さんや産婦人科の先生方は「神の使い」ではないかということです。

これまでたくさんの助産師さん、産婦人科の先生にお目にかかりましたが、みなさん、どこか超然としているというか、何か悟っている感じがします。

この人たちは、絶対、天とつながったことが何度かあるはず！

そう考えると、神の代理人たるお母さん、神の使いたる助産師さん、産婦人科の先生方は、社会的にもっともっと高く評価されていいと思うのですが、現実はどうも違うようです。

たとえば、産婦人科医の場合、毎年一〇人に一人の割合で訴訟を起こされています。そして、裁判となると、なかなか勝訴とはいかないそうです。また、労働環境も過酷です。いつお産があるかわからないので、二十四時間体制でスタンバイしていなければならないし、夜勤も多いんです。

僕らも一〇回ほど立ち会い撮影をさせていただきましたが、これだけでもかなり大変でした。出産予定日の二週間前から、いつでも出られるように準備を始めます。寝ているあいだに携帯電話のバッテリーが切れないように注意を払い、ボリュームを最大にしておき、遠出を控えます。会食の予定はもちろんのこと、そもそもスケジュールがあまり組めません。

これが産婦人科医や助産師さんのように一年三百六十五日となると、予定は入れられないし、入れても変更が頻発するし、もしかしたら、そのことが理由で人づきあいが難しいものになったり、パートナーシップや子育てに大きな影響が出たりするかもしれません。

このようなことから、産婦人科医は「医師の３Ｋ」といわれているそうで、年々、その数が減少しており、とくに地方では、「近くに産む施設がない」と社会問題化しているところもあるほどです。

ここ十年のデータを見ると、医師全体では四万人ほど増えているのですが、産婦人科医は約一万一〇〇〇人から九五〇〇人に減っています。病院に勤務している産婦人科医の場合、一人が扱う分娩数の限界は年間一五〇件だそうですが、この数を超える医師が三割以上いるといわれています。

助産師さんも事情は同じで、昭和二十年ごろには七万人いた助産師さんが、現在は二万五〇〇〇人。これは、必要とされる数の半分です。

新聞やテレビなどで、「妊婦さんがたらいまわしにされた」というニュースを何度か見ました。それによって、妊婦さんがいのちを落としたり、赤ちゃんのいのちが失われたりするのはなんとも悲しく、耐え難いものがあります。

ただ、産婦人科の先生方も、ほんとうは妊婦さんを受け入れたい、なんとかして助けたい、けれど、いまの状況では医師の数もベッドの数も絶対的に不足していて、どうにもならなかった、と考えることもできるのではないでしょうか。

少なくとも、僕がお会いした産婦人科の先生や助産師さんたちは、無責任に受け入れ拒否をする人には見えませんでした。

また、何かあると責任を問われ、訴えられれば勝訴するのは難しいという状況のなか、危険な状態にある妊婦さんを預かるのは非常にハイリスクです。しかも、お産はまだまだ科学的にわかっていないことが多く、緊急時の判断は非常に難しいといいます。

僕自身、『うまれる』という映画をつくらなかったら、お産をめぐる医療現場の実状など知りえなかったと思います。

かつてのお産は、いのちがけでした。先にも触れたように、五十年前の日本では、死産は三五人に一人、妊産婦死亡は約六〇〇〇人に一人の割合で起きていました。しかし現在では、死産は六〇〇人に一人、妊産婦死亡は約三万人に一人にまで激減しています。

いずれも、世界でもっとも低い数字です。とくに、妊産婦死亡に関しては、全世界の平均は二五〇人に一人となっています。妊産婦死亡率がもっとも高いアフリカでは、いまだに約一二〇人に一人のお母さんのいのちが犠牲になっているのです。

明治時代、出産は女性にとって二番目に多い死亡理由だったそうですから、現在の状況は奇跡的ともいえます。

いのちの問題は、単純に数字だけで比べられるものではありません。でも、日本におけるお産の安全性がこれほどまでに高くなった功績は誰にあるのでしょうか。通信技術の発達や道路事情の改善はもちろん、産婦人科医や助産師さんたちが全身全霊をつくしてくれたおかげだと、お産に立ち会うたびに僕は思うのです。

だから、僕は、そうした「神の使い」である方々に、心から、「お疲れさまです。これからもよろしくお願いします」という気持ちで、映画『うまれる』の製作に臨んできました。

この映画が、お産をめぐる問題について考えるきっかけになればと、そして、産婦人科医や助産師の方たちがどれだけ力をつくしてくださっているか、一人でも多くの人に理解してもらいたい……と願いながら。

「奇跡の子」18トリソミーの虎ちゃん

残念ながら医療の力がおよばないケースはありますが、逆に、医療によって出会えるいのちもあるんじゃないか。それについて考えはじめたころに出会ったのが、松本虎大《とらひろ》くん、愛称「虎ちゃん」でした。

虎ちゃんは、「18トリソミー」という障がいを持ってうまれてきました。18トリソミーとは、二三対ある染色体のうち、一八番目の染色体異常による先天性の障がいです。ちなみに、二一番目の染色体が一本多い障がいが、ダウン症です。

18トリソミーの場合、心臓などの器官がお腹のなかで十分に発達しないため、うまれてくること自体が非常に稀です。生後も二カ月までに半分くらいの子たちが天に帰り、一歳までの生存率はおよそ一〇パーセントです。

無事にうまれてきたあとも、無呼吸発作を起こしたり、自分で口から栄養分を吸収することができなかったり、立つことも歩くことも話をすることもできないなど、二十四時間つききりの完全介護が求められます。

僕が最初に虎ちゃんに会ったのは、生後八カ月のときでした。発達がゆっくりということで、体重は三〇〇〇グラムくらいだったでしょうか。目がぱちっとして凜々《りり》しくて、お人形さんみたい。不思議な魅力に一気に惹きつけられました。

虎ちゃんの異常が発覚したのは、お母さんの直子さん（四十一歳）が妊娠八カ月のときです。妊婦健診でエコーを撮っているときに、医師が、「心臓に何かあるかもしれない」と気づき、小児科でくわしく調べたところ、心臓に穴があいていて、さらに脳にも問題があることがわかりました。

検査の結果、最終的に18トリソミーの可能性が高いことが判明します。医師から、この障がいについて説明されたあと、

「経腟出産（普通分娩）にすると死産となる可能性は高いけれど、母体へのリスクは少ない。帝王切開をすれば、母体に負担がかかるけれど、もしかしたら生きてうまれてくるかもしれない」

と告げられました。

すなわち、一生治らない重度の障がいを持つ子を産むか、産まないかという選択を迫られたのです。

松本さん夫婦は、「うまれる」可能性に賭けました。直子さんは、こう話しています。

「だってね、たとえ障がいを持っていたとしても、この世にうまれてこようとするいのちじゃないですか。自分のお腹に傷がつこうが、母体のリスクが高いといわれようが、とにかくこのいのちを大切にしたい！って思ったんです」

お腹のなかの赤ちゃんが障がいを持っていて、うまれてもいのちは短いかもしれないとあらかじめわかったうえで、産み、育てる。それはやはり、大きな決断だったことでしょう。

障がいのほとんどは、うまれてから判明します。僕の弟もそうでした。なかには羊水検査をして、障がいの可能性が判明すると、堕胎を選択する方もいます。障がいの有無にかかわらず、いのちは尊く、かけがえのないものだと頭ではわかっていても、その現実を受け入れるのは簡単なことではないと思います。

「仕事よりも子ども」という新しい人生観

前にも触れたように、これまでは、染色体に異常を持つ赤ちゃんは流産、死産になる確率が高いとされてきました。しかし、医療が発達して、そのいのちを救えるようになると、そのことで新たな問題が起きていることも事実のようです。

国立成育医療研究センター周産期診療部部長の左合治彦先生は、次のようにいいます。

「医療によって赤ちゃんのいのちを救えたとして、普通の生活を送れるかというと、なかなか難しい。従来なら亡くなるいのちをなんとか救ったとしても、ずっと病院のなかで暮らさなければならなかったり、ずっと機械をつけていなくてはならなかったり、という状態になることも少なくありません。そういうことをお話しすると、やはりご家族の方の動揺は大きく、『そんなに大変ないのちであれば、むしろ、救わないでほしい』とおっしゃる方もいます」

直子さんと夫の哲《あきら》さん（四十歳）が、虎ちゃんのいのちを医療に賭けた背景には、じつはもう一つのいのちの存在がありました。

直子さんは、虎ちゃんがうまれる二年ほど前まで、外資系の通信会社でバリバリのキャリアウーマンとして働いていました。

「当時の私は、とくに子どもがほしいということもなくて、まあ、できたらラッキーというくらいの感じだったんです。そうしたら、ほんとうに偶然、妊娠して……」

ところが、このときは、赤ちゃんと生きて対面することができませんでした。

「私たち夫婦に仲間入りできたかもしれないいのちを失ったことが、ものすごくショックでした。そこで、自分の人生観が一八〇度変わったんです。仕事だの何だの、それまで大切だと思っていたものは、もうどうでもよくなって、それよりも、私たちと一緒にいてくれる仲間がいる人生は、すごく楽しいだろうし、充実するだろうし、すてきだろうな……という思いで、頭のなかがいっぱいになったんです。まあ、そうはいっても仕事は続けていたんですが、また赤ちゃんにきてほしいという気持ちは、ものすごく強くありました」

そして、念願叶って、再び妊娠。それが虎ちゃんでした。

直子さんは、次のように話しています。

「先生から、虎くんが18トリソミーだといわれて、一瞬とまどったけれど、でもすぐに、生きる可能性があるのなら、そのために私たちができることは何だろう、とにかくこの子を迎える準備がしたいって。そうしたら、もう仕事どころじゃない(笑)。もっともっと大切なものがある。そう思って、きっぱり仕事をやめました」

そして、いよいよ出産。産科、麻酔科、小児科など十数人の医師に見守られるなか、虎ちゃんは仮死状態でうまれてきました。

「局部麻酔だったので意識はあったんです。お腹のなかから赤ちゃんが出てきてくれたみたいなんだけど、なかなか泣かない。先生方は、赤ちゃんを連れてダーッと別の部屋に入っていったんです。こちらは手術台の上でまな板の鯉だから、『どうなんですか？　どうなんですか？』くらいしかいえないんですが、先生からは、うまれたときにはもう亡くなっているかもしれないという話は聞いていたので、これはひょっとして……と思いました。すると、向こうのほうで『め〜っ』って、ちっちゃいけど声がしたんです」

虎ちゃんを産み、育てる覚悟はできていたつもりでも、正直なところ、「うまれてきてくれても、どうしよう」とも思っていた直子さん。でも、虎ちゃんの泣き声を聞いた瞬間、「おお、よくきた、よくきた」と喜びで胸がいっぱいになったそうです。

虎ちゃんはその後、保育器に入ってNICU（新生児特定集中治療室。早産の赤ちゃん、低体重の赤ちゃん、重い病気のある赤ちゃんを集中的に管理、治療する部門）に入院。直子さんと哲さんは毎日、虎ちゃんに会いにいきました。

「三日しかもたないかもしれない」といわれていた虎ちゃんですが、一週間、二週間、一カ月……と、がんばりました。

直子さんは、うれしそうにこう話してくれました。

「最初は、NICUから出るなんて無理だといわれてたんですけど、せめて一回でいいから、一緒に散歩にいきたいって、先生にお願いしたんです。そうしたら、人工呼吸器を持って先生も一緒にきてくださって、みんなで病院の小さな中庭にいきました。ほんの十分くらいでしたけど、散歩しちゃったーって、大感激でした」

その後の経過も良好で、虎ちゃんは小児病棟へ移ることになりました。しかし、虎ちゃんはいつ呼吸が止まってもおかしくない状態が続いていました。泣くと心臓に負担がかかるのです。

でも、赤ちゃんは泣くのが仕事です。そのたびに、直子さんは早くなんとかして泣きやませなくてはと、夜中でも虎ちゃんを抱いて病院の廊下を行ったり来たりしていました。

そして三カ月後、なんと奇跡的に退院（！）。自宅で家族との生活が始まりました。しかし、18トリソミーは完治する方法がありません。退院から半年がたちますが、いつ呼吸が止まるかわからない、ギリギリの状況が続いています。

松本さん夫婦は、いざというときのために、自宅に置いた酸素注入器の使い方を習うなど、とにかく覚えなければならないことがたくさんありました。それでも、自宅ならば添い寝もできるし、抱っこもできます。その喜びに比べたら、「機械の使い方を覚えるなんて、なんてことない」と、直子さんはいいます。

「残された時間がどれだけあるかわからない」

虎ちゃんには、健康チェックとリハビリが必要です。一週間に二回、看護師さんが虎ちゃんのもとを訪れます。coco baby 訪問看護ステーションの看護師・矢部瞳さんが、その理由を説明してくれました。

「18トリソミーの子はうまれたときから体が硬いので、そのままにすると固まったままになってしまうんです。手も、ぎゅーっと握ったままになり、股関節も動かさなければ固まってしまうので、おむつを替えるのも難しくなります。でも、手足を持って動かしてあげるリハビリをしていると、だんだん開くようになっていくんですよ」

虎ちゃん、がんばっています。ふと見ると、酸素注入器にはうっすらホコリがたまっています。これを使う必要がないということは、毎日、元気に過ごしている証拠です。

「ホント、お前さんは奇跡の子だもんね」

と、直子さんが虎ちゃんに話しかけると、虎ちゃんがなんとなく誇らしげな表情をしたように見えます。ずいぶん凜々しい男の子になってきました。

18トリソミーの子どもたちは、口からご飯を食べることが難しいため、鼻から胃までチューブを通して、ミルクを点滴のようにして飲ませます。食事は四時間おきに一日六回。

チューブは汚れるので、時折、交換しなければならないんですが、虎ちゃんはこれが大嫌い。チューブをすこしでも鼻に入れようものなら、もう号泣。でも、いまでは心臓もだいぶ発達してきたので、いくら泣いても大丈夫です。

虎ちゃんは一生、チューブをつけたままの状態かもしれません。18トリソミーの子は、ものを飲み込む力が弱いので、固形物を食べるのが難しいのです。でも、いまでは、鼻のチューブが彼のトレードマークになっています。

ほかに、虎ちゃんができないことを聞いてみると、「ウーン」と考え込む直子さん。できないことより、できるようになったことに気持ちがいっていて、「何ができないか、忘れちゃった」と笑います。

「最初は、ごろりんと寝返りしただけで、きゃあ、よくできたねえって大騒ぎだし、ブゥって、おならをしただけでも一大事。今日は手が開いてきた、今日は足でキックしたって、できることのほうがどんどん目に入ってくるんです。顔にも表情が出てきて、最近はよく笑ってくれるようになりました。そうやって、できることが、毎日毎日、ほんのちょっとずつ増えていくのが楽しいんです。ほかのお子さんにとっては、当たり前のことかもしれないんですが（笑）」

虎ちゃんには、二十四時間体制での介助が必要です。実際のところ、朝、目が覚めてから夜寝るまで、松本さん夫婦の生活は虎ちゃん中心です。

つねに明るい二人ですが、疲れたり、不安になったりして、気が塞ぐことはないのでしょうか。

「もちろん、ありましたよ。子どもがうまれたら公園でキャッチボールをしようとか、思い描いていたことは当然、全部ナシですしね。それに、『いつまで一緒にいられるかわからない』なんて思って、旦那と二人で、虎が悪くなっていくのをひたすら待つような状態になることもありました。

でもね、よくよく考えてみたら、この子は私たちの子どもである以前に、ちゃんと一人の人間としてうまれてきたわけで、それなのに私たちが自分たちの価値観で、この子がかわいそうとか考えるのは、この子に対して非常に失礼なことなんじゃないかって思ったんです。だから、『松本虎大くんは、自分の人生をめいっぱい生きている。青春真っ只中！』。そう思えるようになってから、ずいぶん気持ちが楽になりました。虎も、『ようやくわかったか』って思っているんじゃないかな。フフフ」

もちろん、虎ちゃんにはやってはいけないことがとても多く、何か起きたときのことを考えると外出も怖くなるそうです。でも、やってはいけないことに縛られていたら、自分たちも虎ちゃんも、お互いにつまらない毎日になってしまう……。

「残された時間がどれだけあるかもわからない。だから、できるだけのことはしてあげたいし、前向きにがんばろうって考えるようになりましたね」

と、哲さんはいいます。

虎ちゃんにいろいろな体験をさせてあげたい、いろいろ見せてあげたいから、家族三人で、近所への買い物や散歩はもちろん、東京から三重県の伊勢神宮まで車で旅行にもいったといいます。花見も一緒にしました。

哲さんは、楽しげにこういいます。

「外出しても、夫婦二人だと用事をすませてすぐに帰ってきてしまうんです（笑）。でも、虎が一緒にいると、同じ場所でも、とたんに違った風景に見えて、すごく楽しい。だから、公園に散歩にいくだけでも、一大イベントなんですよ（笑）」

哲さんはまた、虎ちゃんを見て、こういいます。

「この子がうまれてきた意味とは何だろう、と考えたこともあった。でもね、考えたけど、わからない（笑）」

その隣で、大きくうなずく直子さん。

「みんな役割を持っていて、それをまっとうするためにうまれてくると思う。すぐに亡くなる子にしても、そこにはすごく大きな意味があるのかもしれない。この子がどんなことをするためにうまれてきたのかっていうことは、残念ながら私たちにはまだわかりません。でも、本人はたぶん、その何かをまっとうするために、いま全力疾走している。つまり、全力で短距離走をしているわけで、走りきったら、『役目、終わり！』ってもどっていくわけです。まあ、少なくとも私なんかより、この子のほうがずっとメッセージ性を持っているというか、なかなかの社会派です（笑）」

「うん、大人だよね」

と、哲さんも微笑みます。

直子さんと哲さんは、虎ちゃんのケアに関しては分担など決めず、お互いに何でもできるようにしているそうです。四時間おきの虎ちゃんの食事のケアは、当然、夜中にもするわけですが、それも起きていられるほうがやるのだそうです。

「お互い、『ありがとう』『ご苦労さん』という言葉が増えたかな。ほら、虎のケアをスムーズにやっていかないといけないんでね」

そう話す哲さんに続いて、直子さんもいいました。

「たぶん、それをいうかいわないかって、大した違いじゃないように思えるかもしれないけれど、全然そんなことなくて、いった自分も、いわれた自分も違うんだということが、よーくわかったよね」

「虎のおかげだよ」

と、二人は口をそろえます。

「虎のうまれてきた理由はわからない」とはいうけれど、虎ちゃんはたしかに大きな役割を担っていて、それを立派に遂行しているように見えます。

うん、虎ちゃんはすごい。さすが、「奇跡の子」です。

築きたい医療者との信頼関係

虎ちゃんがうまれ、元気に過ごしていることは、何よりも虎ちゃんががんばったからでしょう。けれども、「現代医療がなければ、この子もうまれてこなかった」と直子さんはいいます。

「医学がなかったら、こんなふうに家で元気にしてるなんて、ありえなかったですよね。病院の先生はもちろんですけど、看護師さんもほんとうにすごい。みんな明るいし、こっちが不安になっていたら、ちゃんと支えてくれるし。やっぱり医療スタッフの方々のおかげですよ」

だから、いま、医療の場で訴訟がたくさん起きていることは残念だ、と二人はいいます。

僕自身、さまざまな患者と医療者の方々にお話をうかがって感じたのは、訴訟大国ではない日本で訴訟が起きるのは、補償制度がきちんと整備されていないという点もありますが、双方の信頼関係が原因の一つとしてあるかもしれないな、ということです。

結果がどうこうでも、技術がどうこうでもなく、たんに両者のコミュニケーションの取り方に大きなヒントがありそうな気がしています。

医療者はどうしても医学的なところ、技術的なところを中心に、病気や障がいについて淡々と告げていく。それは当たり前のことなのですが、妊婦さん、あるいは患者さんの心や感情をケアしながら伝えていくことの大切さを、多くの取材から感じました。

先にも述べましたが、妊婦さんたちにあまりいろいろな情報を知ってほしくない、患者さんには何もいわせず、意見も聞かず、「すべてこちらに任せておけばいい」と考える医療者も少なくないそうです。

そうすれば措置が早かったり、精神的に治療に集中できたりというメリットはあると思うのですが、信頼関係を築くという点では、じつは難しい部分があるのかもしれません。

事実、医療技術だけでなく、ご家族と心で向き合っている鮫島浩二先生や、前述の吉村正先生などは、患者さんに訴えられることはありません。それはひとえに、しっかりとした信頼関係があるからでしょう。

一方、「すべて先生と病院にお任せ」という妊婦さんがまだまだ多いことも事実です。忙しくて、ほかにやらなければならないことが多いから、難しいことばかりだから、お任せしたほうがいい、と。

しかし、これまで述べてきたとおり、「うまれる」って当たり前じゃないんです。お任せするにしても、リスクがあることを理解したうえで先生方とおつきあいする必要があるかもしれません。

「先生ってなんだか事務的で」とか、「怖そうで、心を開くことなんてとてもできない」という声もたくさん聞きました。たしかに、そういう先生もいるでしょう。

ただ、まず、医療者に対して尊敬の念を持って接することが大切なのではないか、と感じています。なんといっても、助産師さんや産婦人科の先生方は、いのちを産み出す作業を手伝ってくれる人たちですから。

そして、私たちが理解しなければならないのは、医療者には、「いい人」を発揮できるチャンスが案外少ないということです。いろいろなお産の現場を見ると、そのとき先生方はほとんど戦闘中のような感じです。

そうした状態にある人に、「もうちょっとやさしくいって」といっても、それはなかなか難しい話なのかもしれないな、と思うのです。どんな状況にあっても、相手の心を慮《おもんぱか》る人もいるとは思うのですが、それをすべての医療者に望むのは、もしかしたら高望みしすぎなのかもしれません。

病院の先生がこうした状態にあると知ったうえで接すると、先生の言い方がちょっときつくても、耳に心地のいいことはいってくれなくても、必要以上に傷ついたり落ち込んだりすることなく、信頼関係を築いていけるかもしれませんね。

お産は、「神の代理人（お母さん）と神の使い（医師、助産師）の競演」です。その目的は、大切ないのちをみんなで迎えることです。

新しいいのちが「うまれてきてよかった」と思えるように、周囲も、「うまれてきてくれてありがとう」と思えるように、妊婦さん（患者）と医療者がお互いに理解しあい、それぞれ改善しながら、良好な関係を築いていただきたいなあ、と心から思っています。

奇跡の誕生日

たくさんの医療者の技術と熱意、そしてお父さんとお母さんをはじめ、多くの人からたくさんの愛を受け取った奇跡の子・虎ちゃんは、またまた奇跡を起こしてくれました。

なんと、一歳のお誕生日を迎えたのです！

「まさかこんな日がくるなんて……」

松本さん夫婦の顔には、喜びと安堵の表情が浮かんでいます。

生後一年の生存率が一〇パーセントといわれる18トリソミー。

いつ何が起こるかわからない状況は変わりませんが、たくさんの経験をしながら、できることがすこしずつ増え、一年間を全力疾走してきました。

虎ちゃんの誕生日は十二月二十五日。僕らもお祝いにかけつけると、サンタさんの赤い帽子をかぶった虎ちゃんが、「ニコッ」と笑って出迎えてくれました。そしてなんと、その口からほんのちょっとだけれど、歯がのぞいている！

「虎ちゃんがうまれたことが、まずびっくり、そして、まさかと思ったけれど、退院できちゃった。一緒に暮らせるなんて思わなかったのに、それができたというのは、この子がほんとうによくがんばったからだと思うんです。だから、虎ちゃんに感謝」

直子さんが、喜びを嚙みしめるようにいいました。

「これからも、ゆっくりと、虎くんのペースで、がんばってもらうっていうのがいいと思います」

哲さんは笑顔でそういいます。

お祝いにかけつけた直子さんのお姉さんも、しみじみといいました。

「元気にうまれてきてくれて無事に一年たった。信じられないですね。私たちは虎ちゃんに、いのちや人生の大切さとか、ほんとうにたくさんのことを教えられました。ホント、虎ちゃんがいなかったら気がつかなかったことがいっぱいあったと思うんです」

「よくがんばった」「ありがとう」。みんなのそんな声にも、当の虎ちゃんは、「エ、何?」という表情。それがまたみんなの心を和ませてくれて、笑い声が部屋いっぱいに響きます。

18トリソミーのお子さんでも中学生になった子もいるそうです。松本さん夫婦は、虎ちゃんががんばれるそのときまで、育児を楽しもうと決意しています。

誕生日って、すばらしいものですね！

いままで僕は、誕生日って、プレゼントをもらえる日、誰かにごちそうしてもらえる日くらいにしか思っていなかった気がします。でも、うまれてくることがこんなに奇跡的なのであれば、自分が誕生した日をもっと大切に思えてきます。

うまれてから三十数年、僕が心の底からそう実感できた、はじめての〝誕生日〟でした。

虎ちゃん、ありがとう！

そして、うまれてきてくれた自分、産んでくれた両親に、感謝！

第六章　女性にとっての「産む」「産まない」

～不妊治療を通して考えたこと～

産まない女性、授からない女性

さまざまないのちの現場に入り、「うまれる」ということをドキュメントしているうちに、僕のなかに素朴な疑問が生まれました。

「うまれる」ことのすごさはわかった。でも、すべての女性が子どもを産むわけではない。産まない女性もいれば、授からない女性もいる。女性にとって、産むこと、そして、産まないことは、どういう意味を持つのだろう……。

これは女性にとっては深い意味があり、大きな命題であると頭ではわかっているのですが、それをほんとうの意味で理解することは、男の僕には簡単なことではありません。でも、理解したい。若いときならいざ知らず、結婚、家族というものを意識したとき、「産む」「産まない」が、女性との関係性の基礎になりうる非常に大事なことのような気がしたからです。

そんななか、『私は、産みたい』（新潮社）という一冊の本に出合いました。衆議院議員の野田聖子さんが書かれた本です。

野田さんは四十歳を過ぎて結婚し、子どもを産みたいと願います。しかし、不妊治療を受けてもなかなか授からず、授かったと思ったら流産……というみずからの体験をまとめたものですが、そこには産みたくても産めなかった壮絶な苦悩と計りしれない悲しみが綴られています。

野田さんといえば、三十代で国政に飛び込み、「初の女性総理誕生か」と目されたこともある方です。人によっては、「ほしいものは手に入ったじゃないか。それ以上、何を望むのか」と思うかもしれません。

しかし、野田さんは政治家である以前に、一人の女性として「産みたい」と願ったのです。そして、その気持ちに「理屈はない」。野田さんの言葉の一つひとつに、僕は強烈な印象を受けました。

受精のプロセスでも書きましたが、そもそも、妊娠することがかなり奇跡的なことなのです。野田さんのように、子どもがほしくても授からないことは、どの女性にも起こりうるのです。

そこで、「産む」「うまれる」と並行して、「産まない」「産めない」について調べるために、取材を始めることにしました。

「授からない」も一つの個性

産む意志があり、避妊をしない性生活がありながら、二年以上自然に妊娠しないことを「不妊」というそうです。現在、日本では、一〇組に一組の夫婦が不妊の悩みを抱えているといわれています。

この数字は、決して少なくないですよね。昨今、メディアなどで「不妊」の文字を目にすることが増えてきましたが、友人同士でも不妊について語られることはほとんどありません。誕生死と同様に、ここにもまた、人知れず悩みを抱え、悲しみ、苦しんでいる人たちがいるのです。

そこで僕らは、不妊について、そして不妊治療について教えていただこうと、鳥取県米子市にあるミオ・ファティリティ・クリニックを訪ねました。ここは、不妊治療を行っている日本でも有数の産婦人科です。

クリニックは、東京から飛行機で約一時間、さらに空港から車で約三十分のところにありますが、到着してびっくり。広い駐車場がびっしりと車で埋めつくされています。聞けば、日本国内はもちろん、カナダやイギリスからも患者さんがやってくるとのこと。不妊に悩む人の多さを、あらためて感じました。

院長の見尾保幸先生は、現在の不妊治療ではスタンダードになっている「経腟超音波採卵」（腟を経由して卵巣から卵子を取り出す技術）の開発者です。無精子症の男性パートナーを持つ女性の体外授精（正確には顕微授精）と出産に日本で初めて成功するなど、生殖医療の最先端をいく産婦人科医です。

見尾先生は、赤ちゃんができないことを「異常」や「病気」とは考えず、「個性」ととらえています。その考えに、僕はとても感銘を受けました。見尾先生にぜひお目にかかりたいと思ったのは、そのためです。

見尾先生はいいます。

「妊娠のしくみはほんとうに複雑かつ精巧で、妊娠はできなくて当たり前だと思えるほどです。それだけに、奇跡的に妊娠したら、それはほんとうに『神様からの授かりもの』です。人間にはいろいろな個性があって、それぞれ得手不得手があります。足の速い人もいれば、足の遅い人もいます。歌が上手な人もいれば、下手な人もいます。赤ちゃんを授かりやすいご夫婦、授かりにくいご夫婦というのも、そういう〝個性〟の一つだと思います」

取材をするなかで、不妊の問題に直面して、「女性として失格なんじゃないか」「人間として否定されている気がする」と傷ついている女性が少なくないと聞きました。でも、「不妊は個性」と受け止めることができたら、その苦しみから、ほんのすこしでも解放されるのかもしれません。

見尾先生はさらに、赤ちゃんを授かるまでの過程を「夢を叶えること」ととらえ、「せっかくがんばるのだから楽しんで、ワクワクしながら取り組みましょう」と声をかけています。

「治療を続けていても、なかなか結果が出ないと、どうしてもネガティブな発想になりがちです。でも、夢は叶うんだと信じられると、通院するのが楽しくなりますし、そういうポジティブな気持ちをお持ちの方は、非常に高い確率で妊娠にいたりますね」

たしかに、ポジティブなお母さんのほうが、赤ちゃんには人気がありそうです。

僕も、なんだか元気が湧いてきました。なるほど、見尾先生のもとに国内外から多くの人がかけつける理由が、わかったような気がします。

三十代半ばから落ち込む女性の妊娠率

不妊の原因には、以下のようなことが考えられるといわれています。

- ホルモンの異常によって、卵巣が卵子を排卵しない
- 卵子を取り込む卵管采が機能していない
- 何らかの原因で卵管が詰まり、排卵しても卵子が通れない
- 子宮内膜に異常があって着床しない
- 精子の通り道である子宮頸管などの機能の異常
- 子宮に奇形がある
- 精子を異物と認識して免疫で攻撃してしまう
- そもそも、セックスしていない・できない
- 精子の数が少ない、もしくは精子がない

このように原因はいろいろありますが、原因不明のケースも少なくないようです。

不妊が増えている背景には、「女性の社会進出と晩婚化」があるのではないかと

いわれています。結婚が遅くなると、それにともなって妊娠・出産の時期も遅れます。ところが、女性の体は年齢を重ねるほど妊娠しにくくなったり、妊娠しても流産しやすくなったりするのだそうです。

女性の社会進出については、僕も大賛成！　社会のなかで重要な役割を担うのはすばらしいことですし、働いて収入を得られれば、人生の選択肢も増えます。

しかし、「仕事も一段落したし、そろそろ子どもを……」と思っても、なかなか妊娠しない。そこで初めて、じつは年齢が上がるほど妊娠しにくくなるということを知らされても、女性にしてみれば、「そんなの、聞いてないよぉ」、ですよね？

ところで、不妊治療は経済的負担が大きく、たとえば、体外授精の一回の値段は三〇～六〇万円ほどといわれています。せっかくキャリアを築いてお金を貯めたものの、「不妊治療によって貯金がなくなった！」という女性が数多くいます。また、「赤ちゃんのためなら」と途中から金銭感覚がわからなくなり、気づいたら月に一〇〇万円近く費やしていたという女性もいました。

現在、日本の女性の平均初産《ういざん》年齢は全国平均で二十九・四歳（二〇〇三年）です。三十五歳以上で出産する女性も増えていますが、現実には、三十代半ばを過ぎると妊娠率は急激に落ちるようです。

見尾先生は、こう話します。

「残念ですが、女性の赤ちゃんを産む能力、そして時期にはかぎりがあるんです。年齢が上がることによって卵の数も少なくなりますし、劣化しますので、医学に頼ったとしても、妊娠することが難しくなってきます」

この事実、ご存じでしたか？

おそらく、ほとんどの女性が知らされていないのではないでしょうか。赤ちゃんは産みたいときに産めると考えていて、その結果、妊娠しやすい時期を過ぎてしまい、「赤ちゃんができない」と悩む人が少なくないのです。

産めない性である男性ならいざ知らず、産める性である女性が、なぜこの大切な事実を知らないのでしょう。その原因は、性教育のあり方にあるのかもしれません。

バースコーディネーターの大葉ナナコさんは、次のようにいいます。

「日本だけの話ではありませんが、産むのはまだ早すぎる、赤ちゃんができないようにしよう、と授かるのを避けるための教育が主流なんですね。だから、『いのちを授かるってすばらしい』という感性よりも、子どもを授かることへの恐怖感や不安感を植えつけてしまうのでしょう。避妊教育はもちろん大事なことだけれど、それと同時に、いのちの誕生はすばらしい、赤ちゃんはほんとうにかわいいよ、という話もできれば、『すばらしいことだから、授かるまで自分の体を大切にしよう』と思えるようになって、結果的に避妊教育につながるんじゃないでしょうか」

もし、「うまれるって、すばらしい」という教育もなされていたら、「子どもを産むか、産まないか」ということを頭に入れて人生設計をする女性も増えるでしょう。そうすれば、早くから体のセルフケア意識も高まり、不妊の問題もすこしは改善するかもしれません。

三十五歳を過ぎたママがいいな、と思う子どもたちも

一般的に、三十五歳以上でのお産のことを「高齢出産」と呼んでいます。三十五歳以上で産んでいる人は、年間の全出産数、約一〇七万人のうち、約二三万人。そのうち、初産の方は七万人以上います。さらに、四十代で初めて赤ちゃんを授かる

方も八〇〇〇人以上にのぼっています（二〇〇九年）。

そんな高齢出産を経験した方たちにお話をうかがうと、

「仕事を一生懸命やっていて、気づいたらこの年齢になっていた」

と多くの方々が話しています。

高齢出産になると帝王切開の率が高まりますが、それでも、流れに任せた幸せなお産を経験している方もたくさんいます。

キャリアを築いたあとにお子さんを授かった方々は、

「どんな仕事よりも、妊娠・出産・育児がいちばん難しい。でも、どの瞬間も貴重で、やりがいがあり、とっても楽しい」

と語っています。

もちろん、いくら医療や科学が進んでも、人間が不老不死にならないように、体は年をとるものなので、年齢を負うごとに卵子は年をとり、妊娠しにくい体になることは事実です。

産婦人科の先生方にインタビューをしても、難しい出産が増えることは事実なので、「早く産めるのなら産んでほしい」といいます。

以前、ジャガー横田さんが四十五歳で無事に出産したというニュースがありましたが、やはりプロレスラーの体力と普通の女性の体力は違うというのが、専門家の意見です（笑）。

そうはいっても、女性としてさまざまな経験を積んでから自分の子に会いたいという人がいてもいいし、三十五歳をすぎたママがいいなって思う赤ちゃんもいると思います。

不妊治療はエゴか？　本能か？

一般的に、「不妊の原因は女性にある」と思っている方が多いようですが、男性の不妊治療を専門とする恵比寿つじクリニック（東京都渋谷区）院長・辻祐治先生によれば、女性に原因があるのは四一パーセント、男性のみが二四パーセント、男女ともに原因がある場合は二四パーセント、残りの一一パーセントは不明だそうです。

しかも、男性の一パーセントは、精液中に精子が見られない無精子症だといいます。この数字、ちょっとびっくりですよね。

不妊治療には、大きく分けて、以下の五つの方法があるそうです。
①注射や服薬で排卵を促す「ホルモン療法」
②排卵日を予測して、その前後に性生活を行う「タイミング法」
③精液を直接子宮内に注入する「人工受精」
④精子と卵子を体外で接触させて受精卵を得る「体外授精」
⑤顕微鏡の下で卵子に直接精子もしくは精核を注入して受精卵を得る「顕微授精」
多くの場合、「ホルモン療法」などからスタートして、すこしずつステップアップしていくようです。

このほか、別の女性の子宮を借りて妊娠・出産をする「代理出産」もありますが、この方法は厚生労働省の審議会では認められていません。

見尾先生によれば、不妊治療の普及にともない、日本では毎年約二万人の赤ちゃんが体外授精によってうまれているそうです（二〇〇七年発表のデータによる）。

「体外授精以外にも何らかの不妊治療によってうまれた子どもは、一クラスのうち、少なくとも二～三人くらいはいるでしょう。ですから、赤ちゃんを望む方に対する治療は、かなり一般化していると考えていいと思います」

ミオ・ファティリティ・クリニックでは、採卵手術や顕微授精の様子、受精卵を育てる培養装置などを見学できました。ここには、採取した精子や受精卵の凍結保存、培養技術、顕微授精、受精卵の成長過程を観察する研究などを専門に行うエンブリオロジスト（胚培養士）が大勢います。

うまれて初めて顕微授精というものを見ましたが、卵子の内部に精子が注入されていく瞬間を目の当たりにし、ここでいのちが誕生するのかと思うと不思議な気持ちになります。受精した卵は専用の培養器へ移され、大切に育てられます。培養室全体は子宮の代役をしていますから、卵へのダメージが極力およばないように、薄暗く、温かい部屋になっていました。

採卵手術の様子も見せていただいたのですが、見尾先生は、

「手術をするときは、毎回、責任の重さと緊張から背中に冷や汗をかきます」

と熱く語ります。

体外授精は人為的だ、という声もあるようですが、見尾先生やエンブリオロジストの方たちの様子を見ていると、しっかりと魂が込められていることがわかりま

す。愛情と希望を注ぎ込まれて誕生したいのちは、幸せなのではないかと感じました。

不妊治療については、倫理的、宗教的に異議を唱える声が少なくないと聞きます。おもな意見は、「神聖なるいのちを人為的に操作することは許されない」「自然に授からない子どもを望むことはエゴではないか」というものです。

でも、いのちに対する人為的な医療がいけないというのなら、現在行われている延命治療や、帝王切開などはどうなるのでしょう。いずれも、いのちを救い、生をつなぐための人為的な医療です。

だから、「不妊治療はエゴである」とは、一概にはいえないのではないか、と僕は思うのです。

大葉ナナコさんも、次のようにいいます。

「精子や卵子は、絶対に本人の体のなかでしかできません。それが出会う場面だけメディカルなサポートを受けるのは、エゴでも何でもないと私は思います。不妊治療を受けることが夫婦二人にとって自然なことであれば、一つの選択肢といえるでしょう。協力して次のステージへ進むべきだと思います」

妊娠できない……女性としての失格感

一九八三年に日本で初めての体外授精が成功してから約三十年、不妊治療は劇的に進化し、普及してきました。けれど、妊娠・出産というのはやはり複雑で、なかなかその効果が上がらない場合もあります。不妊治療による妊娠率は二〇〜三〇パーセントくらいといわれていますので、授からない人のほうが多いのです。

その結果、子どものいない人生、つまり「産まない」ことを受け入れ、子どもとは別のかたちで「うまれる」ことを提供したい、社会に貢献したいと取り組んでいる女性たちもたくさんいます。

ミオ・ファティリティ・クリニックで管理部長を務める東陽子さん（四十七歳）もその一人です。東さんは三十代のころに九年間、不妊治療を受けつづけた末に、子どものいない人生を受け入れたのです。

「じつは、独身時代から子宮内膜症に悩まされていて、お医者さんから『結婚しても、妊娠はちょっと難しいかもしれない』といわれていたんです。ただ、そうはい

って も、結婚すれば赤ちゃんはできるだろうと思っていたんですよ。ところが、いつまでたってもその気配がない。自分の体をなんとか妊娠につながる体にしたいと思って、上司である見尾先生に診ていただいたんです」

子宮内膜症を患っていると、場合によっては、お腹のなかに癒着ができます。すると、卵をうまく卵管に取り込めないため、妊娠しにくいことがあるそうですが、東さんが妊娠にいたらなかった原因は、ほんとうのところはよくわかっていません。

東さんの治療は、排卵の時期を図りながら夫婦生活を持つ「タイミング法」から始まりました。ただ、それを続けてもうまくいきません。そこで、東さんは、「もう一歩前に踏み出そう」と、精子を取り出して子宮に入れる人工受精へと進みます。

当時は、「これで赤ちゃんができる！」とワクワクしながら治療を続けていたそうですが、三年ほどたったころ、弟さんが結婚し、すぐに赤ちゃんを授かったことで、東さんは一気に焦りだします。

「なんというか、取り残された感と、嫁として、女性としての失格感というのに苛《さいな》まれてしまって……。その後しばらくのあいだ、かなり荒れました。主人にすごく当たりましたね。不妊の問題は、家族にも、友だちにもいえなかった。周囲には子どもができない人が誰もいないので……。とくに年配の人たちには、治療する意味すらわからないのではないかと思います。

こんな状況のなかで気持ちを吐き出す機会がなかったので、意味もなく機嫌が悪かったり、主人を罵倒《ばとう》するような暴言を吐いたり、泣き叫んだりしたこともありましたね。いま思えば、ほんとうに申し訳ないことをしました」

一方、夫の徹さん（五十歳）は当時のことを思い出し、機嫌が悪いのはいつものことですよ（笑）、と笑いながらも、こういいます。

「子どもを産むことが人生の夢だっていっていたので、かなりつらかったんだと思います。不妊治療は、精神的にも肉体的にも女性のほうが負担が大きいですからね。ただ、誰にやらされているわけでもなく、二人で望んでやっていることですから、その問題をお互いに共有して過程を進んでいかないと意味がないと思います。彼女が続けるかぎりはつきあっていくという気持ちはありましたし、包んであげなければ、と思っていましたね」

それまでの人生のなかで、東さんは、「女性としてうまれてきてよかった」と思いつづけてきただけに、妊娠・出産ができない現実を前にして、そのギャップを埋める手立てがないことに愕然としたそうです。

「女性としての尊厳を、思いっきりへし折られました」

産まない性である男の僕には、「失格感」や「尊厳をへし折られた」という東さんの気持ちが、最初はなかなかピンときませんでした。東さんにとっての妊娠・出産は、イコール「女性であることの証」ということなのでしょうか。

もうすこし、くわしく聞いてみることにしました。

「私は赤ちゃんに選ばれていないの？」

東さんの心の傷をさらに押し広げたのは、周囲の言葉でした。

「ある人に、『女が仕事を持つとね』といわれました。つまり、仕事に熱中しすぎて、子どもを産むことをおろそかにしてきたんじゃないかというわけです。また、母親の言葉は、身を切られるような思いでしたね。母と娘って、何でも遠慮なく話せる関係だから、言葉がきつくなるんですね。あるとき、『他人への思いやりや態度は、子どもを産んでいないあなたには理解できないことだ』っていわれ、ナイフで胸をグサッと突き刺されたようでした」

たしかに、不妊の背景には女性の社会進出があるとされていますが、東さんの場合は、子どものことを考えなかったわけではなく、むしろ逆に、結婚当初から子どもを望んでいたのです。自分の都合で子どもをつくらなかったわけじゃない……。

そのような世間一般の反応が、不妊に悩む女性を二重に苦しめている、と見尾先生はいいます。

「社会の風潮として、女性は産む性だということをあまりにも強調しすぎですね。赤ちゃんを授からない女性は、周囲のそういう気持ちを敏感に察知するんです。さらに、女性は産む性だということを、自分自身のなかに潜在的に持っているから、産めない、産まない自分の体に劣等感や嫌悪感を抱く。それがまた、彼女たちを苦しめるんです」

僕が、すごいなあと思ったのは、東さんは毎日、クリニックでたくさんの妊婦さんや赤ちゃんに囲まれながら仕事を続けていることです。不妊治療を受けているあいだは、やはり、お腹の大きい女性や赤ちゃんを見るのがつらいときもありましたが、すぐに気にならなくなったそうです。

「子どもが好きですから。赤ちゃんを見ていると飽きないんです」

自分の心は結果の出ない不妊治療で傷ついているのに、クリニックには堕胎を希望する女性も来院します。

「子どもを堕すのは、できれば避けてほしいことですけれど、性的暴行や経済的状況、相手との関係など、いろいろな理由があってのことでしょうから、しかたない面もあるとは思います。けれど、なぜ、赤ちゃんがその人たちのところにわざわざやってくるのかが不思議です。私のところにはこないのに……。だから、『赤ちゃんがお母さんを選んでやってくる』という話も、『ほんとう?』って思うんです」

親子関係に悩む僕を救ってくれた胎内記憶も、東さんにとって、また不妊治療に苦しむ方々にとっては、心が傷つくものなのか——。

この点、不妊治療中の方々のなかでも、考え方が分かれるようです。「私は赤ちゃんに選ばれていない」と傷つく方もいれば、「じゃあ、選ばれるようにがんばろう。よりいい女性になるように毎日を生きよう」という方もいます。

前向きに考えたほうが授かる可能性が高いそうですが、かといって、長く授からない月日がたつと落ち込んでしまうのもわかります。難しいですね。

いくら進んでも明かりが見えない、暗く長いトンネルのなかで苦しみながら、東さんの不妊治療は続きました。タイミング法でも人工受精でも結果が出なかったので、精子だけでなく卵子も取り出して、体外で受精させて、それを子宮にもどす体外授精や顕微授精を試みます。

現代の医学では、これ以上、高度な医療はありません。ほんとうに最後の挑戦でした。運よく受精卵ができ、何度かそれを子宮にもどしたものの……。

東さんは不妊治療を九年間続けましたが、その間、一度も妊娠反応が出なかったそうです。そして、気がつけば四十歳を過ぎていました。そのころから、東さんは、次の人生へのシフトチェンジを考えはじめます。

女性の体が妊娠できるのは四十代半ばくらいまでといわれています。東さんは不妊治療の現場にいるので、自分の体にタイムリミットが迫っていることがわかります。そして、不妊治療を休止したのです。

「自分の年齢を考えれば、次の人生に切り替えるべきだろうと思って。ただ、頭では、『子どものいない人生』というものを選択しているんですけれども、そう簡単には割り切れないものですね」

生きる目的って何だろう

見尾先生がいうように、「女性は必ずしも産む性ではない」とはいっても、不妊治療をしている方にお話をうかがうと、いちばん傷つくのは、「なぜ、子どもがほしいの？」というひと言だそうです。

「なぜ？」っていわれても、本能なんだから、言葉では説明できないのです。やはり、それは女性の本能、母性というものなのか……。

しかし、東さんに話を聞いてみると、それとはすこし違っていました。東さんは高校生くらいのころから、「生きる目的って何だろう」と考えていたといいます。でも、答えは出ない。

「あるとき、自分じゃない存在を自分の体から生み出せば、自分の存在意義を確認できるんじゃないか、何か答えが見つかるんじゃないかと思ったんです。だから、養子縁組の可能性は私にはありません。でも、自分は子どもを授かれなかった。だから、私のいまの感覚っていうのは、こうなんです」

そういって、東さんはノートに何かを書いて、僕のほうに差し出しました。

「生きる目的がわからない」

頭では「子どものいない人生」に切り替えたものの、心の整理はまだまだできないのです。

「やっぱり、子どもを持てたかどうかは、女性の人生に深くかかわっているような気がするんです。だから、まだ悩みの渦中にいるというか……。女性であるかぎり、わが子を抱きたいという気持ちは、一生、忘れないと思います。百年たっても叶えたい、捨てられない夢ですね」

ここで、はたと思いました。「生きる目的がわからない」という東さんを、パートナーはどう見ているのだろうか……。

ご主人は昔から、東さんのことを大事にしてくれる人だったそうですが、不妊治療中も、そして〝治療休憩中〟のいまも、それは変わらないそうです。

「さらに大事にされていますね。ふだんはそういう素振りは見せませんけど、いざというときの私への配慮というか、気持ちの入れ方が、以前とは違ってきたような気がします。もう、この年になったら、あとにも先にもこいつしかいない、という気持ちが強くなっただけだと思いますけど（笑）」

夫の徹さんにも聞きました。

「二人だけの人生もいいかな、と思いました。二人で共通の趣味を持って、ずっと楽しく、健康に生きていければいいなと。すごくありきたりなんですが、これがいまの自分のいちばんの目標です」

期待から始まった治療は、残念ながら、つらい九年間となり、東さん夫婦の夢はまだ叶っていません。でも、赤ちゃんではないけれど、同じようにとても大切なものが二人のあいだには育っている。僕はそんな気がしています。

不妊治療を通しての成長

じつは、東さんは、五つの受精卵を十年間にわたって冷凍保存しています。子どもを持たない人生を受け入れながらも、まだあきらめきれない東さんの揺れる心を象徴しているような気がして、たずねてみました。

東さんは、次のように話しています。

「何度か受精卵を子宮にもどしたことはあるんですが、うまく着床しなかったんです。そのときの悲しかった思い出を忘れることができなくて、まだ未来に希望が残されているっていう状況を温存しておきたかったのかもしれないですね」

不妊治療を受けていても、受精卵ができない方々もいます。そういう人たちからすれば、「まだ、がんばれるじゃない！」となるかもしれませんが、東さんからいろいろなお話をうかがったあとでは、「希望を残しておきたかった」という気持ちが、僕にはすこし理解できるような気がします。

「私にとっては、すごく愛おしい存在です。いのちになっていないんだけど、私たちの子どもはここにいてくれてるよ、という気持ちがどこかにある。主人と私の遺伝子を受け継いだ子なんだよって。だけど、暗いタンクのなかで、ずっと寒い思いをしてきたと思うので、いつかは私のなかで温めてあげながら、『ありがとう』といって終わらせてやりたいと思うんです」

前述のように、不妊治療による妊娠率は二〇～三〇パーセント。医療者側が懸命にがんばっても、現実はきびしいのです。

ただ、結果として赤ちゃんに出会うことができなかったとしても、夢を叶えようと努力したことは決して無駄にはならないんじゃないか……。東さんのお話をうかがって、僕はそう感じました。

子どもを授かろうと努力したことによって、いのちの尊さがより強く感じられたり、人の痛みがわかったり、見えてくるものがたくさんあるかもしれません。

子どもを持たずに社会で重要な役割を担う人たち

そしていま、東さんはミオ・ファティリティ・クリニックでの仕事に打ち込んでいます。管理部の仕事は裏方として業務全般をマネジメントすること。その長である東さんは、見尾先生以下、各スタッフと患者さんたちをサポートする重要な役割を担っています。

クリニックでは、診療だけでなく、さまざまな社会的活動を行っていて、たとえば中学校や高校に出向いて、生徒やPTAの人たちへの講演活動を行っています。その内容は、避妊の方法を教えるだけでなく、いのちの尊さを伝えるもの。いままさに子どもたちに、そして大人たちにも必要とされている教育です。

こうした活動をサポートしているのが東さんですが、それだけでなく、みずから講演に出かけていくこともあります。裏方として生殖医療をマネジメントしている立場から、医療者に対して、患者さんとのやりとりの仕方や病院内の整備などについて話をするのだそうです。東さんの働きぶりについて、見尾先生は次のようにいいます。

「彼女がいなかったら、このクリニックの発展はなかったんじゃないかと思います。自分の夢がうまくいかなかったことをちゃんと乗り越えて、今度はサポートする側にまわってがんばっている。その姿を見て、僕自身も刺激を受けました。以前の僕は、患者さんから怖がられることもあったのですが、でもいまは、だいぶやわらかく話ができるようになった気がしています。それは彼女のおかげです」

東さんのように、子どもを持たずに、社会で重要な役割を担っている人たちはたくさんいます。たとえばマザー・テレサは、子どもを持たない人生でしたが、生涯、恵まれない人たちのためにみずからを捧げ、大きな夢と希望を生み出しました。

イエス・キリストやレオナルド・ダ・ヴィンチ、宮本武蔵、坂本龍馬といった歴史に名を残している人たちも、子どもを授かっていません。現代に目を転じてみると、石原裕次郎さん、美空ひばりさんなども、仕事を通じて社会に「産み育てる」活動をしてきてくれました。

大葉ナナコさんはいいます。

「女性でも産まないという選択をする方もいらっしゃるし、それはもう、一人ひとりの自由です。アメリカでは二五パーセントの女性は産んでいません。もし、自分が子どもを産まなかったとしても、子どもが喜ぶ絵本を産む仕事もあれば、子どもが安全に登下校できるようにする防犯ブザーを産み出す仕事も子育ての一環といえます。仕事とは、そもそも人を幸せにするための作業で、小さないのちが喜ぶ仕事をするのも子育て同様に大切なことです。出産だけがすべてじゃないと思います」

東さんは、まだまだ心の整理がつかないそうですが、仕事の現場ではそんな様子は感じさせません。

「患者さんの気持ちはとてもよくわかります。自分の経験を生かして、患者さんの気持ちを医療者に伝えることが楽しいです。そして、未来の生殖医療の発展に向けて、よりよい医療を提供できるスタッフをたくさん産み出したい」

それは、東さんだからできる仕事。東さんは仕事を通して、何かを産み、育てようと精いっぱい取り組んでいる——僕はそう思います。

第七章　そして、出産

～新しい自分が「うまれる」とき～

「親にも愛されていない自分なんてどうでもいい」

新しいいのちを産み出そうと、妊娠八カ月目を迎えた伴まどかさん。かつて虐待を受けた母親との関係を拭《ぬぐ》い去ることができないまま、自分はよき母になれるのだろうかと葛藤が続いています。

「大学のときに母子関係の研究をして、虐待を受けて育った子どもは無意識のうちに虐待を繰り返すと習って、自分が怖くて泣いたときもあるし、子どもを産まないほうが幸せかなーって思ったときもあるけど、そうじゃない人もいるんだっていうことを証明してみたいんです」

妊娠中に、母親との関係を自分なりに消化したいと思うようになったまどかさん。出産の前に、母親に会ってみたいという気持ちはないのでしょうか？

もしかしたら、お母さんはすごく後悔していて、「あなたのことは一日たりとも忘れたことはない」といって、和解できる可能性もあるかもしれないなと部外者は思ったりするのですが……。

「会うにしても、どこに住んでいるのかもわからないし、会って、自分が傷つくようなことをいわれたり、私を見てもわからなかったりしたらショックだし……」

なるほど。たしかに、この大事な時期に精神的なダメージを受けるのは赤ちゃんにもよくない。

「なんか、こういう話を旦那にしたときに、私、虐待する母親かもしんないよーとかいったりするんです。親にも愛されてないんだから、自分なんてどうでもいいみたいなのが、弱ってくると出てくるんですよ」

と、まどかさんの目から涙が……。

「課題だからなんとかしなければって思うと、それがまたプレッシャーになるので、できる範囲で、とは思っていますが……」

まどかさんは助けを求めるように、お腹の子どもに話しかけます。

「なんか、親になるって大変みたいだよ（笑）。この子が大きくなったときに、素直に親になりたいって思えるように育てたいですね。夢は、お嫁さんじゃなくてお母さん、みたいな」

母親になること、父親になること

その夜、八時くらいに真和さんが帰宅。二人で夕食です。食卓には、基本的に野菜中心の健康的なものが並んでいます。ポテトチップスの袋もちらっと見えますが（笑）。

真　和「出産の本を読んでるけど、実際、何していいかわからない。あんまり頭に入ってないかもしれない（笑）」

まどか「大丈夫だよ。全部が私に当てはまるわけないんだから」

真　和「どうしよう。おれがパニックになったら（笑）」

まどか「とにかく、いてくれるだけでいいよ」

前述のように、二人は立ち会い出産を望んでいるものの、真和さんは月の半分は地方出張です。真和さんが立ち会うには、土曜日か日曜日に赤ちゃんが出てきてくれるしかありません。二人でお腹の赤ちゃんによく話しかけて、お願いしているようです。

食事のあとは、真和さんがマッサージをするのが恒例となっています。真和さん、がんばっています。

まどか「親になるって、どういうことだろうね」

真　和「母親になるってことは、ご飯を食べさせることだと思うよ。だって、おっぱいあげたりとかさ、お母さんにしかできないじゃん。すごくない？　おれ、出ねーもんな、おっぱい」

まどか「うん。出ない（笑）。で、次のステップは、赤ちゃんに愛というものを教えるのはお母さんだと思う。いちばんそばにいて伝えられるのってお母さんかなって思うし、あたしはちゃんと言葉にして教えてあげたい。親が子どもを大事に思っていても、言葉でいわないと、やっぱり子どもには伝わらないから」

まどかさん、ご自分の苦い経験から、自分なりの母親像を描いているようです。

僕も同感です。

真　和「そうだね。もしかしたら、そのお母さんを強くするのがお父さんかもしれないね」

まどか「子どもを守るのがお母さんで、そのお母さんを支えてあげるのがお父さん」

真　和「あれ？　じゃあ、おれは誰に守ってもらうの？」
まどか「うーん。お父さん↓お母さん↓子どもっていう家族の三角形をつくるには、子ども↓お父さんだから、子どもに守ってもらうことになるんじゃない？」
真　和「そうか。じゃあ、早く大きくなってもらわないと困るな（笑）」
真和さん、「子どもは副産物」だっていっていたのに、ずいぶんな変わりようです。
まどか「でもさ、ベクトルが親から子にしか向いてないのは、そのうちうまくいかなくなると思うんですよ、私」
真　和「うん。ちっちゃいうちは、どうしても、親が守ってやらないといけないけど、ある程度、子どもが一人の人間として成長してきたら……」
まどか「お互いのほうを向くことがあってもいいと思うし……お、お腹ボコボコしてます」
お腹の赤ちゃん、話を聞いて賛成しているようですね（笑）。
まどか「長く生きてるから親が正しいっていうんじゃなくて、とにかく話を聞く。そのうえで、お母さんたちはこう思うんだけど、あなたはどう思う？っていうふうにしたいな」

真　和「うん。絶対正しいなんて、おれ、そんなに自信ないし（笑）」

まどか「子どもがうまれたからって、二人の意識が子どもだけにいくんじゃなくて、夫婦二人だけが起きてる時間になったら、二人のことを話すのも大事だよね」

こういう会話を重ねながら、親になっていくのでしょうか。いまこうしているあいだにも、どこかで、こういう会話が繰り返されているのかな。子どもを迎えるまでの十カ月間って、すごく大事ですね。

期待と不安の臨月

初めての出産を控えた伴さん夫妻。出産予定日まで一カ月を切り、ついに臨月に入りました。

まどかさんはお産に向けて、着々と準備を進めています。岩盤浴やマタニティ・ヨガに行って体を柔らかくし、毎日、散歩と階段の昇り降りを繰り返しています。

ただ、まどかさんは腰にヘルニアを持っているので、様子を見ながら、お産に耐えられる体力づくりに励んでいます。
まどかさんのお腹はますます大きくなっています。お腹のなかの赤ちゃんも元気に育っていて、話しかけると、たまにポコポコと反応するそうです。
そんなまどかさんを気遣って、真和さんは出張で留守をしていないかぎり、毎晩、食事のあとに腰をマッサージしています。真和さんのサポートにずいぶん助けられ、まどかさんは、「満足度は高いですよ」とニッコリ。
今夜は、助産師のまどかさんによる「お産講義」が、食卓で行われました。
真　和「陣痛って、どのくらいかかるの？」
まどか「ペースにもよるけど、子宮口が一〇センチまで開くのに、八時間とか十時間かかるわけですよ」
真　和「そりゃ大変だ。切れたりしないの？」
まどか「切れないようにするために、徐々に柔らかくなるの。それで、すこしずつ押されて、赤ちゃんが出てくるんだよ」
真　和「規則的に十五分ごとくらいになったら、伊深先生のところに行くんだっけ？　十分？」

まどか「十分を切ったら、まず連絡する」

真　和「なんで陣痛って、規則的になるんだろうね？　時計があるわけでもないのに、すごいね」

真和さん、当初は出産にあまり興味がなかったようですが、まどかさんを通して、かなり興味を持ってきたようです。

真　和「へその緒を切るハサミは家から持っていくの？」

まどか「ハサミは、病院や助産院が用意した、滅菌済みのきれいなものを使わないとだめ！」

真　和「え、そうなの。パンダのハサミとか、そういうのでは切れないの？」

まどか「へその緒を切る専用ハサミがあるんです！」

真　和「どんな感触なんだろうね。おれも切りたいんだけど……」

まどか「一緒に切ろうよ。じょきじょきんって」

真　和「おれは単独で切ってみたいから、先に切っていいよ」

まどか「はぁ!?　でも、へその緒って一本しかないよ」

真　和「ぶつ切りにすればよくない？　長いんだから、一回切ったって、あと何カ所も切れるじゃん」

へその緒をぶつ切りにするって……。産婦人科の先生や助産師さんたちに怒られそうですが……。僕にはない発想で、撮影しながら笑ってしまって、カメラを持つ手が震えて困りました（笑）。

そして、会話は立ち会い出産におよびます。

真　和「ところで、おれは何をすればいいの？」

まどか「呼んだら、なるべく早く帰ってきてよ」

真　和「いや、それが、難しいんだよね。たとえば、プレゼンが始まったら、二時間くらい出られないわけじゃない？　携帯が鳴って、急いで出たら、『ヤッホー、元気ぃ？　まだ陣痛こないよ』みたいだったら困るわけよね。名古屋なんかにいたらどうしようかね？」

まどか「ウーン、ベストなのは土曜日か日曜日にうまれてくれることだよね……」

やはり二人とも、真和さんが立ち会えるかどうかがいちばん気になる様子です。

まどかさんも、ナーバスになってきました。

「すごくわけのわからない痛みで動けなくなってたり、すごい出血をしてるのに、誰とも連絡がつかなくて、ここで一人で倒れてたらどうしようとか、四十一週過ぎちゃったり、血圧が上がったりで伊深助産院で産めなくなったらどうしようとか、とにかく不安は尽きません」

ハッピーバースハウス山本助産院院長・山本詩子先生は、こう語ります。

「予定日まぎわの妊婦さんたちの気持ちというのはとても不安定で、喜びと期待と楽しさが混じったような気持ちだと思います。一方で、不安も大きく、この子は無事にうまれるだろうか、何の異常もないだろうか、私は無事にお産をすることができるんだろうか、という不安を抱えていると思います」

いよいよ出産？

十二月十二日（土）。ついに出産予定日十日前です。もう、いつお産が始まってても、おかしくありません。僕の目から見ても、お腹が張る回数は増えています。

最後の健診になるのでは、ということで、ご夫婦と一緒に、僕もマタニティルーム伊深に向かいました。

二人の報告から、予定日の十二月二十一日よりも早くうまれてきそうだ、ということで、僕は単身、数日前から伴家近くのホテルで待機していました。今回、僕はどうしても、映画の主人公であるまどかさんたちが助産院に向かう、その緊張感を撮影したかったのです。

これまでの出産の映画や映像というのは、おおむね、妊婦さんが「ウーン」と息んでいるところからスタートするものが多かったと思うんです。でも、陣痛がきてから、家でどう準備を整えるのか、助産院へはどうやって向かうのか、その間、二人はどんなやりとりを交わすのか、これまでカメラが入っていなかった時間に、すごく興味がありました。

まどかさんは朝からお腹が張り、腰もずーんと重く、半ば、真和さんに体を支えられながら、そろそろと診察室に入っていきます。つらそうな表情のまどかさんに、

「お母さんになる顔になってきましたね」

と、院長の伊深佳洋子先生は声をかけます。

伊深先生の診察によると、子宮の収縮が強く定期的になってきているので、「陣

痛が始まっているのかもしれない」とのことです。たしかに、モニターで見ると、僕の目からも陣痛らしきものが定期的に始まっているのがわかります。

横にいる真和さんは、顔がひきつり気味。

真　和「き、緊張してきた。そ、そ、そわそわしてきた」

伊　深「リラックスしてください（笑）。いよいよ始まったぞーって。赤ちゃん、元気ですよ。今日はお休み？」

真　和「はい！　明日も休みです！」

伊深先生は、真和さんが平日は会社を休めないので、出産に立ち会えるかどうか、夫婦で心配していることを知っていました。

伊　深「赤ちゃんは、いいときを選んでうまれるねー。天才だね！」

真　和「わ、ゾクゾクしてきた。腕に鳥肌立ってる！」

ホントだ！　真和さんの腕に鳥肌が立ってる！

当のまどかさんの顔を見ると、うれしそうな、でも初のお産に向けて、若干、不安そうな、複雑な表情です。

「動物になってください。自分がやりたいように、自分の体の声を聞いてやってくださいね」

と、伊深先生がまどかさんにやさしく声をかけます。

伊　深「あまり頭で考えないことね。女は子宮で考える」

真　和「子宮で考える？」

伊　深「そう。勉強したことは全部、忘れてください。学生のときに習ったとおりにはいきません。本能で産むんですよ」

お腹の張りと痛みは強さを増しているようで、まどかさんの顔が、時折、ゆがみます。このままいけば、今夜、出産になるかもしれないけれど、痛みが遠のいてしまう可能性もあるので、ちょっと様子をみようということになりました。

「さて、筋書きのないドラマが始まりますよ」

こう伊深先生にいわれた伴さん夫婦は、いったん帰宅しました。でも、二人とも落ち着かない様子です。はたして赤ちゃんは、お父さんがいるときにうまれてくれるのでしょうか？

楽しみだったお産が……

さて、僕もホテルにもどり、「いよいよ今夜か！」ということで、携帯電話のボリュームを最大にして連絡を待っていました。そして、夜十一時ごろに、チロリンと着信音が……。真和さんからの携帯メールです。

「どうやら、陣痛が止まってしまったようです」

あら……。いよいよ出産かと思われたまどかさんでしたが、どうも「前駆陣痛」というものだったようです。

お産が近くなると、妊婦さんは頻繁にお腹が張るようになり、痛みが出てきます。これがほんとうの陣痛であれば、その間隔は一定して、だんだん短くなるのですが、間隔が不規則なまま、そのうち遠のいてしまうことがままあるそうです。これが「前駆陣痛」で、いわば陣痛の予行演習のようなものだといわれています。

前駆陣痛から本番まで二日という人もいれば、一週間、二週間とあいだがあく人もいるそうです。そうなると、次にいつ陣痛が始まるかは、誰にもわかりません

（あ、赤ちゃんはわかっているかも）。

前駆陣痛があった数日後、まどかさんを訪ねました。

「伊深先生いわく、助産師である私に、さまざまな出産のパターンを教えてくれる偉い子だそうです（笑）。待つのって大変ですね。痛テテテテテテー。張っておりますが、これは陣痛ではありません（笑）」

そういいながらも、まどかさんの顔は曇り気味です。前駆陣痛が起きたとき、つまり前回の健診時はちょうど週末で、もし、この日にきてくれたら、真和さんはばっちり立ち会うことができました。そのチャンスを逃してしまったので、まどかさんは落胆しているのです。

そんなまどかさんに追い打ちをかけるように、真和さんにまた出張が入りました。まどかさんも、精神的にちょっと追い詰められている様子です。

「お産がすごく楽しみだったはずなのに、そうじゃなくなっている自分がたまにいて。赤ちゃんと会うこと自体は楽しみなんだけど、そこまでの過程で疲れちゃうというか……。そんなに都合よくいかないんだなあ……。うまれてきたら、もっとそうなんでしょうね。親の思うとおりになんか育たないだろうし……」

そういいながらも、気持ちはグラグラと揺れています。

「楽しみなんかじゃない、と思ったすぐあとに、ものすごく落ち込んで、お母さんになる自信を失いそうになる」

と、まどかさんはいいます。

「こんなひどいことを思って、私、いいお母さんになれないかもしれない。この子はすごく大事なんだけど、もしかして育てていく途中で、『やっぱり育てたくない』とか思うようになったらどうしようって、すごく不安になってしまって……」

そんなことを考えている自分がまた嫌になって、落ち込んでしまうんだそうです。

赤ちゃん、そろそろ出てきて、お母さんを安心させてほしい。出ておいでよ……。

赤ちゃんはうまれるときを選んでいる？

「今度こそ、いよいよかもしれません」

前駆陣痛からちょうど一週間後、僕がホテルに待機して十日目の十二月十九日、土曜日の午前四時前に真和さんから連絡が入りました。

よっしゃ土曜日！

真和さんは仕事が休みです。やっぱり赤ちゃんはわかってる！

すぐに伴さんのお宅に駆けつけると、やはりこれまでとは違う痛みに顔をゆがめるまどかさんがいました。どうやら、深夜の三時半くらいから本格的な陣痛が始まっていたようです。

二人は、陣痛がどのくらいの間隔でくるのか、時計で計っていましたが、五分おきくらいのようでした。

陣痛には流れがあります。それこそ、波のように寄せては引くを繰り返し、時間がたつにつれ、その間隔がどんどんと狭まっていくのです。恥ずかしながら、僕はこの映画をつくりはじめるまで、陣痛というのはずっと痛いんだと思っていました（笑）。

でも、ちゃんと休みがあるんですね。このときはだいたい九十秒くらいだったでしょうか。その間に、まどかさんはおにぎりを口に流し込み、今後に備えます。もっと陣痛が激しくなってきたら、食事をとる余裕はありませんから。

フーフーと荒い呼吸をしながら、冷静に痛みを分析するまどかさん。

まどか「たぶん、マックスの痛みが一〇だとしたら、いまは二か三くらいね」

真　和「そっか。これでまだ二か三か。大丈夫かな？」

まどか「そろそろ、伊深さんに電話しようかな。おー、痛い！」

真和さんに心境を聞いてみました。

「ドキドキっていうのもちょっと違うし、楽しいってわけでもないし、とりあえず、痛がってる妻を側で支えるので精いっぱい。何をしていいんだかわからないっていう感じですね」

いやいや真和さん、それでいいんだと思います！

まどかさんは伊深先生に電話をし、いよいよ移動です。この一時間ほどのあいだに、痛みもかなり強くなってきているようです。

陣痛の休みの合間に、急いで家を出ますが、階段を降りる途中で〝捕まって〟しまいました。激しい痛みで、まどかさんはもう歩けません。真和さんに寄りかかり、痛みに耐えます。僕から見ても、すごく痛そう……。

なかなか階段を下りられません。ようやく、何度かの休みを経て、急いで車に乗り込みます。後ろの座席で顔をゆがめて痛がるまどかさんを、真和さんはバックミラーごしに気遣います。

真　和「大丈夫かね？」

まどか「うん。大丈夫……。やっぱ最初からいてくれる日でよかった。私一人で耐えろっていわれても、無理かも」

真　和「(自分が休みの日を選ぶなんて) いい子なんだよ、お腹の子は。よかったね」

まどか「あ～、あ～、あ～、あ～～！」

まどかさん、かなり痛そうです。真和さんは運転しながら、左手でまどかさんの手を握ります。

「もうちょっとで着くよー」

ようやく助産院に到着。

伊深先生は、

「やっぱり土日コースだね。赤ちゃんは天才だね！」

と笑顔で迎えます。

さっそく、出産の準備です。まず、まどかさんが陣痛室に入り、ベッドの上で痛みに耐えます。真和さんがその手を握り、励まします。

「待ちに待った陣痛だから、きてよかったなって受け入れるようにしてくださいね。痛くて嫌だっていわないで。陣痛を自分のなかに受け入れるようにしてね。しんどいときは、赤ちゃんにも話しかけるのよ。赤ちゃんも苦しいから、一緒にね。出産は、赤ちゃんとお母さんの共同作業だから」

まどかさんは、伊深先生のこの言葉が耳に入っていると思いますが、痛みが強くて応えることができません。そこを真和さんがフォローして、伊深先生と話します。

「僕には何もできないですよね。痛みを代わってあげられるわけじゃないし……ほんとうに無力です」

まどかさんの背中をさすりながら、心配そうな顔を伊深先生に向ける真和さん。

「そんなことないですよ。お父さんがいるだけで、赤ちゃんの心拍が安定するというデータが出ていますから。奥様の側にいるだけでいいんです」

伊深先生の言葉を聞いて、真和さんの表情がすこしやわらぎました。

「そうですか。側にいられて、ほんとうによかった。一人だったら不安だったろうに……」

ついに「うまれた！」

まどかさんは当初、水中出産を希望していました。初産の場合の出産時間は平均して十五時間。腰にヘルニアを持っているまどかさんにとって、それほどの長時間は耐えられそうにありません。だから、腰への負担が少ないお風呂のなかで出産したいと考えたのです。伊深先生の助産院で産むことを決めた理由の一つには、そこには水中出産用の設備が整っているということもありました（すべての分娩施設に設備があるわけではありません）。

しかし、想像していたよりずっと早くお産が進んでいます。伊深先生によると、「進行が早すぎるお産は出血が多くなるケースが多いけれど、真和さんが支えていることでまどかさんが精神的に安定しているし、このまま進めたほうがいい」との判断で、水中出産ではなく、和室で出産することになりました。

まどかさんは、腰の後ろにクッションを置いてもらいながら、横向きになったり、四つん這いになったり、そのときどきで姿勢を変えます。このフリースタイルは助産院での出産ならではです。
その傍らにずっとついて、片方の手でまどかさんの手を握りながら、もう片方の手でまどかさんの背中から腰をさすったり、髪をなでたりしている真和さん。
まどか「うーっ、痛い痛い、うーっ」
伊　深「赤ちゃんがんばれ〜」
真　和「大丈夫だよ」
まどか「痛いーーーーっ!!」
伊　深「いままで十カ月間、いろいろあったね。これが最後の仕上げだからねー！」
まどか「あー!!」
まどかさん、ほんとうに痛そうです。やはり、腰が負担になっているのでしょうか。僕はこのときが七回目の出産撮影でしたが、これほど声を出している人を見たことがありませんでした。
あとから伊深先生に聞いたところによると、助産院始まって以来の叫びっぷりだったそうです。
まどか「あ、破水した」

伊　深「そうだね。いま、パチッと音がしたよ」
破水というのは、赤ちゃんを包んでいる卵膜という薄い膜が破れて、羊水が外に流れ出すことです。
ほとんどは陣痛がピークのころに起こりますが、陣痛が始まる前に破水することもあります。これがお産の始まりになる人もいて、そのときは菌が入ったりする可能性があるので、気をつけたほうがいいようです。
まどかさんの顔が、苦しそうに、いっそうゆがみます。そして、吠えるように叫びます。
まどか「おぅぅー、痛い！　もう無理、無理、無理！」
伊　深「無理じゃないよ、がんばれるから！　いままでがんばってきたんだから！いちばん痛いときに、無理って逃げちゃだめだよ！」
まどか「ああー、痛いよー、痛いよーーっ!!」
伊　深「伴さん、人生と同じ、逃げちゃダメよ！　お母さんになるんだから、がんばらなくちゃ！」
まどか「おぅぅーっ、おぅぅー！　あーーーっ」

助産院じゅうに響きわたる、まどかさんの叫び声。真和さんはすでに泣きそうになりながらも、しっかりとまどかさんの手を握っています。

この三人が真剣にいのちを産み出す姿を見て、いや、赤ちゃんを含めた四人の懸命な姿を見て、カメラをまわしている僕は涙が出そうでしかたありませんでした。人がこんなに懸命になる姿は、そうそう見られるものではありません。いのちを産み出すって、ほんとうにすごいです。

まどか「ああーーーーっ!!」

午前十時半。赤ちゃんの頭が出始めました。

「ほら、頭が出てきたよ!」

と伊深先生。

「あ、ホントだ! 頭見えてるよ!」

と真和さんはびっくりした表情です。

いよいよ、誕生の瞬間が近づいてきました。産む体勢をとるため、四つん這いになっていたまどかさんが仰向けになります。そして、伊深先生に、「ふぁー、ふぁー」といいながら、大きく息を吐くように促されます。

「ふぁー！　ふぁー！」

真和さんと伊深先生は、まどかさんを励ますように、一緒になって息を吐きます。「吐く」ことを意識して呼吸をすると、からだの緊張がとれて赤ちゃんが出てきやすくなるのです。

「はーっ！　はーっ！」

長く吐くことをしばらく続けると、赤ちゃんの頭がさらに出てきました。

「ほら、もうすこしで赤ちゃんに会えるよ！」

「はっ！　はっ！　はっ！　はっ！」

伊深先生は、今度は息を短くリズミカルに吐くよう、促します。そうすることで、赤ちゃんがより出やすくなるそうです（医師や助産師によってやり方は異なります）。

「はっ！　はっ！　はっ！」

みんなと一緒に、まどかさんも息を吐こうとしますが、痛みのせいで呼吸が乱れます。

「あーっ、あーっ、あーーーーーー!!」

まどかさんの叫び声が最高潮に達したとき、赤ちゃんの肩が出てきました。

伊　深「上手よ、上手よ。じゃあ、軽く息んで」

まどか「んーーーーーっ!!」

伊　深「はい、いいよー!!」

ついに、ついに赤ちゃんが出てきました!

伊　深「ほら、見てー!　おめでとう!」

赤ちゃんは元気な産声を上げました。

「ンギャー!　ンギャー!　ンギャー!」

二〇〇九年十二月十九日、午前十一時二分。本格的な陣痛が始まってから七時間という、初産にしては超特急のお産でした。

お母さんの腰にあまり負担がかからないように、赤ちゃんが気遣ってくれたのでしょうか。まあ、そのぶん、まどかさんの痛みは強くて、叫び声は人一倍すごかったけれど(笑)。

「よし、じゃあ、抱っこしようね」

と、伊深先生は取り上げた赤ちゃんの体を拭いて、まどかさんの胸に抱かせてくれました。

二九三八グラムの、かわいい女の子。目元がまどかさんに、鼻が真和さんに似ています。

「ごめんね、ごめんね。苦しかったね、そっか。がんばったね、ありがとう」

まどかさんの顔は涙でぐしゃぐしゃ。

「赤ちゃん、喜んでるよ」

真和さんは、涙をこらえて奥さんをねぎらいます。

よかった。赤ちゃんが無事にうまれてきてくれて、ほんとうによかった。

僕のほうはというと、ちゃんと撮影しなきゃ！という責任感で、感動している余裕はありませんでした。


うまれてきてくれて、ありがとう！

「おぎゃー、おぎゃー」と泣いていた赤ちゃんですが、不思議と、お母さんの胸にくると泣きやみます。会陰裂傷や出血もまったくなく、とてもきれいなお産でした。

やっぱり、自然なお産は血も涙もないんですね（笑）。

「お母さんもこうやって、あなたを産んでくれたのよ。うまれてきてくれて、ありがとうって」

まどかさんは朦朧《もうろう》としたなかで、伊深先生の言葉に頷《うなず》きます。

しばらく抱っこしたあと、へその緒を切ります。以前、まどかさんが切ったあと、真和さんがぶつ切りにするという話をしていましたが、伊深先生に「二人で切って」と促され、二人でハサミを持って、ジョキッ。赤ちゃん、独り立ちの瞬間です。まなかちゃんのへその緒は七〇センチありました。

真　和「大変だったね」

まどか「大変だったあ」

伊　深「お父さんも、がんばりましたね」

真　和「………」

伊　深「お父さん？」

真　和「え？　あ、僕ですか？」

伊　深「もう、あなたはお父さんになったんだから（笑）。育てるのは、もっと大変よ。いまから出発。白紙状態の赤ちゃんを一人の人間に育てるわけだから」

「おめでとう」「ありがとう」という言葉をこんなに聞けることって、ほかにあるでしょうか。

午前十一時ごろのお産で、太陽の光が差し込みはじめていたこともありますが、部屋のなかはパーッと明るく、幸せな光に満ちていました。そのなかに自分もいられること、幸せのなかに浸れることに、僕は感謝の気持ちでいっぱいでした。

まなかちゃん、うまれてきてくれてありがとう！

そして、僕をこの場にいさせてくれて、ありがとう！

人がうまれるって、ほんとうにすごいです！

感謝の父親宣言

翌日、マタニティルーム伊深をたずねると、赤ちゃんはお母さんの横で、すやすや眠っていました。

「やっぱり大変なことですね、いのちがうまれるって。お母さんも大変だし、この子も大変だし、まわりも大変だし」

そう話すまどかさんは、昨日の険しい表情が嘘のように、やさしく、穏やかな顔をしています。真和さんも、ホッとした様子です。

その後、真和さんと僕は、助産院からすこし離れた丘の上に行きました。僕も将来、父親になるかもしれない身として出産の感想を聞きたかったのです。

「結婚するとも思ってなかったし、子どももいらないと思っていたから、まさか自分が父親になるとは……。いまは、そのときの気持ちと全然違いますね」

そういいながら、真和さんはポケットから一通の手紙を取り出しました。出産の直前、まどかさんから渡されていたそうです。

真和さんへ
この手紙をあなたは、いつ読むことになるのかな。まなかがうまれる前かな、うまれたあとかな。

まなかは無事に、元気にうまれてきてくれたかな？

まなかを妊娠してから十カ月、いろいろありがとう。あなたに迷惑、心配かけてばかりだったね。つらい、痛い、ばかりいって、たくさん泣いて、あなたにつらい思いをさせてごめんね。

あなたは、「男には何にもできない」って何回もいってたけど、あなたが一緒にいて、一緒にまなかのことを楽しみにしてくれたから、私は今日までこれたんだよ。

もちろん、いろいろな痛みとかを代わってもらうとか無理だけど、精神的にどんなに支えてもらえたことか。怒っても泣いてもイライラしても、文句一ついわず支えてくれた。

あなたが旦那さんで、ほんとうによかった。

つらいこともたくさんあったけど、私に妊娠、出産という貴重な経験、そして、かけがえのない赤ちゃんを与えてくれて、ありがとう。

万が一、私に何かあったら、赤ちゃんのことをよろしくね。

無事に母子ともに元気でうまれていたら、これからも夫婦として、家族として、末永くよろしくね。

まどかより

「僕は普通にうまれてくるのが当たり前だと思っていたんですけど、妻は助産師だから、いろいろ危険な場面も見てきているので、万が一ということもあるということをすごく知っている。だから不安なんだよっていう気持ちも、この手紙に詰まっているんだと思います。それを乗り越えて産んでもらったので、感謝しています」

僕がいうのもなんですが、真和さん、自信というか、やる気が出てきたというか、何だかとてもお父さんらしくなった気がします。

「ちょっと父親宣言したいんですけど……いいすか？」

「父親宣言？」

「やっぱり、赤ちゃんが出てきてくれて、法律上は父親になったとはいっても、パパって呼ばれたわけじゃないし、まだピンとこないんです。だから、父親宣言をすることで、自分を奮い立たせたいんです！」

「なるほど。いいですねー。撮影してもいいですか？（笑）」

真和さんはすっくと立ち上がり、眼下に広がる街に向かって叫びました。

「お父さんになったぞーーーーーー!!」

真和さんの背中が、大きく見えました。ほんとうに。

「うん、これで何か、お父さんになった気がする。ハッハッハッ」

そして、両親に対しても、素直に「ありがとう」という感謝の気持ちでいっぱいだそうです。

「母親は、妻のように大変な思いをして僕を産んでくれたんだなあって。そして、父親も、今回の僕のように、無事にうまれてきてくれるだろうか、とハラハラどきどきしていたかと思うんです。きっと二人とも、そしてまわりの人もみんな、僕がうまれてくるのを期待してくれてたんじゃないかと思うと、もう、感謝の気持ちしかありません」

こうやって、男は父親になっていくのかな。最初のころは、「父親になるつもりはない」なんていっていたけど、まどかさんと一緒に出産に取り組んでいくことで、すこしずつ父親になる準備をしていた真和さん。

誰しもいろいろな過去はありますが、新しいいのちを迎えることで新しい自分もうまれていく。真和さんを見ていて、そんなことを感じました。

出産は格好つけない自分を出す場面

お産を終えて、まどかさんはどんな心境でしょう。

「うーん……思ったより、痛くなかったですね」

エエエーーー!!

あんなに叫んでたのに？（笑）

「思う存分叫べて、スッキリしました（笑）。産んだあと、『もう、こりごり』という人と、『また産みたい！』という人がいるといいますけど、私は後者。いいお産だったと思います」

あんなに痛がってたのに？（笑）

まどかさん、相当、叫んでましたけど……!?

お産が終わると、あの痛みは忘れてしまうものなのでしょうか？

「忘れますね（笑）。もちろん、痛かったなあ、というのは憶えているんだけど、女性は、都合の悪いものは忘れられる生き物なんじゃないでしょうか（笑）」

なるほど。よく、女性は、過去の男性を割とすっきりと忘れることができると聞きますが、それと似た感じなんでしょうかね。

伊深先生にも聞きました。

「普通の初産の半分の時間で生まれたことや、腰のヘルニアがあったことから、だいぶ痛かったようだけど、思いっきり声を出して自己解放されていて、いいお産でしたよ」

自然なお産を推進する吉村医院院長・吉村正先生は、お産の痛みについて熱く語ります。

「わしゃあ、自分で産んだことがないからわからんがね、怪我の痛みと、お産の痛みは本質的に違うんだと思いますね。痛くてもですね、自分で納得できるお産ができれば、嫌な思いとして残る人はあんまりない！」

五回の出産経験がある、バースコーディネーターの大葉ナナコさんにも聞いてみました。

「人生で自分がもっと高みに近づきたいと思ったら、痛みをともなって、何回も新しい自分を産まなきゃいけない。仕事でも何でもそうですけど、いままでの自分を壊す痛み、超える痛みがあります。でも、乗り越えられない痛みって、遭遇しないんだと思うんです。何万年ものあいだ、先祖たちが、この痛みがあっても産みつづけているのは、痛くてもよかった、という達成感があるからだと思うんですよね」

まどかさんに、真和さんが出産に立ち会ったことについて聞いてみました。

「私は立ち会ってもらって、ほんとうによかったです。出産って、ほんとうに身近な人に、自分の本性というか、格好つけない自分を出す場面になる気がしますよね」

真和さんはお産に立ち会ってみて、どんなふうに感じたのでしょうか。

「こんなに感動したことは、いままでの人生でなかったかもしれないですね。でも、感動もしたけど、妻が心配でした。かなり痛がってましたから」

「よかった。引かれなくて。たまにいるじゃん、お産に立ち会って奥さんを女性として見られなくなったとかいう人」

と、まどかさん。

「それは僕にはよくわからないな。だって、子どもを産むのは、女性にしかできないことでしょ。男にはできない、偉大なことだよ」

真和さん、かなりポイントアップですね。まどかさんもご満悦な表情。

「おれだって、おっぱいあげたいもん。交代制にできないのかな？」

「だって、おっぱい出ないでしょ！」

伴さん夫婦、相変わらずです……。

家族以上に自分を必要としてくれる存在はいない

真和さんは会社の上司から、「子どもを産むのなんか、奥さん一人でできるんだよ」「わざわざ出産に立ち会う必要はない」などといわれていました。

「でも、いのちがうまれるそのときって、やっぱり大事なときだと思うんです。営業なんていくらでも代わりはいるけど、父親の代わりはいませんよね。僕は、立ち会うことができてほんとうによかったです。出産は、やっぱり妻と一緒にいなくちゃいけないときですよ。立ち会わせていただいて、ありがとうございます、という気持ちです」

今回の出産を通して、まどかさんはお母さんに対する気持ちを払拭《ふっしょく》して、母親として生まれ変わるという目標もありました。お母さんに対する気持ちに、何か変化はあったのでしょうか。

「んー……まだ、会いたいという気持ちはないんですよ。でも、自分で出産を体験してみると、母は私を含めて三人産んで、すごく大変だったろうなって。私を産んで育ててくれたことに対する感謝の気持ちはすごく出てきましたね。二十四時間、本能のままに動く赤ちゃんとつきあうなんて、愛情がないとできないですもん」

自分で探してまでお母さんに会おうとは思わないけれど、以前よりは「会ってもいいかな」という気持ちになってきたといいます。

「ただね、自分の子どもを『いなきゃよかった』とか、どうしてそういうふうになったのか、冷静に聞いてみたい。私はこれまで、親に怒られたり嫌われたりするのは自分が悪いからなんだって、自分を責めてきたんです。でも、こうして自分が産んでみると、ああ、子どもは絶対悪くないなって思うんですよ。子どもがすごく泣いたとき、『なんでなの！』って思っても、それはこちらが疲れがたまっていたり、イライラしているからであって、泣いている子どもに非はないと思うんです」

だから、「私は悪くなかった。私は私でいいんだ」――まどかさんは、そう思えるようになったそうです。そしてそれは、「この先、生きていくための糧になる気がする」とも。

「私はずっと自分のことを認めてもらえてこなかったんです。でも、助産師として働いてきて、お母さんたちに、『ありがとう』とか『あなたがいてくれたから、私、産めたんだよ』といってもらうことで、自分の存在価値を認めてきた部分があったような気がします。それがいまは、この子がおっぱいを飲んで大きくなっていくのを見たり、私の姿が見えなくなると、この子が『ワーッ』って泣いて呼んだりすると、ああ、この子は私がいないと生きていけないんだな、私は必要とされているんだなって、感じられるんです」

人は人に必要とされないと生きていけない。そして、家族以上に自分を必要としてくれる存在はいない。なんだか、家族をつくるっていいですね。

いのちを産むってすばらしい！

三カ月後、僕らはまた伴家を訪ねてみました。

家の玄関のウェルカム・ボードに、「まなか」と赤ちゃんの名前が追加されています。まどかさんの授乳も完璧に板についています。

まなかちゃんは、かわいい、かわいい赤ちゃんに成長しています。

「よく、仕事で疲れて帰ってきても、子どもの顔を見ると疲れが吹っ飛ぶっていうじゃないですか。全快とまではいきませんが、すごくよくわかります。ホッとしますよね。心が穏やかになって、平和になります。まなか一人だけでも、これだけ幸せをもらえるのですから、もうちょっと子どもをつくって、みんなで楽しく笑いながら生活をしていきたいですね。家族っていいな、と思うんですよ」

初めて会ったとき、「家庭というものに夢が抱けない」「自分の遺伝子を残したくない」と話していた真和さんが、「家族っていいな」「子どもはいっぱいほしい」というようになったのです。赤ちゃんって、すごいパワーがあるんですね。

真和さん、まどかさん、そしてまなかちゃんと、近所の公園に散歩に行きました。家を出るとき、数カ月前にはなかなか開けられなかったベビーカーを片手でパッと開くことができて、「カンペキ！」と自慢げな真和さん。ベビーカーを押す手も、もうすっかり慣れたものです。

そんな真和さんに、新たな動きがあったようです。

「転職しました！」

すごーーーい!! やったね、真和さん!!

このご時世に、「立ち会い出産を認めてくれなかったから」という理由で転職するなんて、なかなかできることじゃないですよね。

文句をいいながらも我慢して、しばらくたったら忘れる方がほとんどだと思いますが、真和さん、勇気と行動力があります。やはり、父親になったからでしょうか。

まどかさんも、こういいます。

「私も子どもはあと二人くらいほしいですね。そして、お互いのことをちゃんと見て、何でも話し合える家族になりたいですね」

「そのためには、愛情を注ぎ込んでいかないとね」

と真和さん。
まどか「うん。誰に？」
真　和「え、誰に⁉」
まどか「誰に？」
真　和「あ、私があなたに」
まどか「はっはっは〜。そうでしょ〜？」
まなかちゃんは、まどかさんと真和さんにとても大きな、すばらしいプレゼントを持って雲の上から降りてきてくれました。
うん。うまれるって、やっぱりすばらしい！
いのちを産むって、すばらしい！
家族ってすばらしい！

エピローグ　映画と新しいいのちの誕生

僕が映画『うまれる』をつくろうと思いたったのは、両親と仲直りしたかったからです。

三十年以上、自分は愛されているのか、なぜうまれてきたのかわからなかったけれど、「子どもが親を選ぶ」という胎内記憶にふれたことをきっかけに、両親の気持ちがすこしずつ理解できるようになりました。

映画づくりを通して、何十組ものご夫婦やご家族を取材・撮影させていただきましたが、カメラのレンズ越しに見てきた家族の表情は笑顔と幸せに満ちていて、やっぱり、どの親も子どもを愛しているんだなあと実感しました。

先日、そんな顔を部屋のなかで見つけました。

久しぶりに見たアルバム。

僕が小さかったころの写真に映っている父と母の表情は、僕がレンズ越しに見てきたご家族と同じ顔をしていました。

ああ、僕はこの両親がよかったから、この世に降りてきたんだな。

僕も、愛されてうまれてきたんだな。

いままで親の愛情がわからずに反抗しつづけてきた自分のふるまいを思い起こし、両親に対して「産んでくれてありがとう」という思いで、涙を抑えることができませんでした。

その後、両親との関係は劇的によくなって、いまではたまに電話をしたり、一緒に食事に出かけたりしています。こんなこと、数年前にはとても考えられませんでした。

三十数年かかりましたけど、ほんとうの意味で、家族になったのかなあって思えるようになりました。

もし自分に子どもがうまれたら、心から愛して育てられる。そんな自信がようやく僕のなかに生まれてきたころ……なんと！　僕にも赤ちゃんができたんです！

といっても、もちろん僕が妊娠したわけではなく(笑)、『うまれる』のプロデューサーである牛山朋子と僕のあいだに、新しいいのちを授かったのです。

仕事だけでなく、プライベートでもパートナーだった牛山とは、結婚というかたちはとっていませんでしたが、「産約《さんやく》」をしていました。「産約」というのは僕が勝手につくった言葉なのですが(笑)、「ともに子どもを産み、育てる約束」のことです。

まさかまさか、自分が子どもを持つようになるとは思ってもみなかったけれど、いまや父親になる心の準備は万端！

「待ってました！」と、雲の上から降りてきてくれたのかな。

出産予定日は、『うまれる』の公開が始まったあとなので、おそらく一段落ついて、万全の体制で迎えられるはず。当然、立ち会います!!

やっぱり、赤ちゃんはちゃーんと時期も選んでうまれてきてくれるんだな、な〜んて、自分に都合よく解釈しています。

映画づくりを通して、両親との絆を確かめることができ、そして新たな家族がうまれようとしている……。僕にとって、『うまれる』はただの映画ではありません。家族をつなげてくれた、大切な「わが子」です。

この映画が、僕だけでなく、見てくださった方のご家族も結びつけるような役目を果たすことができたら……。そう願いながら、魂を込めてつくった映画『うまれる』ですが、時間の制約があるために、映画のなかでお伝えしきれなかったこと、また、映像では表現しきれないことを、この本にまとめたつもりです。

読んでくださったみなさんが、いのちの偉大さ、自分がうまれてきたことのすばらしさ、家族の絆を感じられる、そんな本になっていたら、僕はとても幸せです。


最後に、この本が「うまれる」までに、多くの方々にお力添えをいただきました。スタッフはもちろん、アドバイザーの方々、サポーターのみなさま、ボランティア・スタッフ「うまれる村」の村民さん、取材・撮影にご協力いただいた方々、「うまれる」を違った角度から支えていただいているメディアの方々や企業サポーターのみなさまなど、多くの、ほんとうに多くの心意気に支えられて、『うまれる』という赤ちゃんの出産に取り組んでいます。

この場をお借りして、映画『うまれる』をサポートしてくださっているみなさまにお礼を申しあげるとともに、末長きご支援をお願いしたいと思います。

ありがとうございます。

また、このような本を書かせていただく機会を与えてくださったＰＨＰ研究所文芸出版部の石井和美さんと若林邦秀さん、ライターの鈴木裕子さんにも心から感謝申しあげます。

そして、お父さんとお母さんには特大の感謝！

僕を産んでくれて、ほんとうにありがとう！

これまでつらい思いをさせてしまったけれど、お父さんとお母さんは僕にとって最高の親です。これからガンガンと親孝行していきますので、いつまでも元気でいてください。

それから、これからうまれてくるチビさん、つながってくれてありがとう。

たった二ミリの米粒ほどの君に初めて会ったときの感動は忘れられません。まだ君はロールケーキくらいの大きさだけれど、会える日を楽しみに待っています。

じっくりと育って、このすばらしい世界へ飛び出してきてください。

豪田トモ

二〇一〇年七月

参考図書

『えらぶお産』大葉ナナコ（河出書房新社）
『体と心にやさしい ナチュラルなお産』大葉ナナコ（アスペクト）
『案ずるより産むが優し』大葉ナナコ（扶桑社）
『いのちってスゴイ！ 赤ちゃんの誕生』大葉ナナコ（素朴社）
『35歳からのおめでたスタンバイ』大葉ナナコ（学陽書房）
『産んでよかった！「高齢出産」』大葉ナナコ（祥伝社）
『ママのおなかをえらんできたよ。』池川明（リヨン社）
『ママ、さよなら。ありがとう』池川明（リヨン社）
『おぼえているよ。ママのおなかにいたときのこと』池川明（リヨン社）
『雲の上でママをみていたときのこと。』池川明（リヨン社）
『ノーフォールト』岡井崇（早川書房）
『わたしがあなたを選びました』鮫島浩二（主婦の友社）
『その子を、ください。』鮫島浩二（アスペクト）
『「幸せなお産」が日本を変える』吉村正（講談社＋α新書）
『お産！このいのちの神秘』吉村正（春秋社）
『パパのネタ帖』おおたとしまさ（赤ちゃんとママ社）
『産科医が消える前に』森田豊（朝日新聞出版）
『未妊』河合蘭（日本放送出版協会）
『パリの女は産んでいる』中島さおり（ポプラ社）
『妊婦の「ぷ」』宮下真沙美（小学館）
『私は、産みたい』野田聖子（新潮社）
『誕生死』流産・死産・新生児死で子をなくした親の会（三省堂）
『命をくれてありがとう』わたなべえいこ（汐文社）
『心とからだの声を聞こう』見尾保幸（今井出版）
『タッチハンガー』三砂ちづる（マガジンハウス）
『分娩台よ、さようなら』大野明子（メディカ出版）

豪田トモ（ごうだ とも）

映画『うまれる』企画・監督・撮影。

株式会社 インディゴ・フィルムズ 代表。

1973年、東京都多摩市出身。6年間のサラリーマン生活の後、映画監督になるという夢を叶えるべく、29歳でカナダへ渡り映画製作を学ぶ。帰国後はフリーランスの映像クリエイターとして、テレビ向けドキュメンタリーやプロモーション映像などを制作。

初監督作『うまれる』が2010年11月6日よりシネスイッチ銀座ほか、横浜、川崎、千葉、埼玉、大阪、京都、神戸、福岡、札幌など全国ロードショー。

http://www.umareru.jp/

企画　石井 和美
編集　若林 邦秀
ライター　鈴木 裕子
ブックデザイン　溝田 明
協力　牛山 朋子
アシスタント　秋田 直器

うまれる　かけがえのない、あなたへ

2010年9月1日　第1版第1刷発行
2013年9月17日　第1版第5刷発行

著　者　豪田トモ
発行者　小林成彦
発行所　株式会社PHP研究所
東京本部　〒102-8831 千代田区一番町21
書籍第二部　電話03-3239-6227（編集）
普及一部　電話03-3239-6233（販売）
京都本部　〒601-8411 京都市南区西九条北ノ内町11
PHP INTERFACE　http://www.php.co.jp
制作協力　月岡廣吉郎
印刷所　製本所　図書印刷株式会社

落丁・乱丁本の場合は弊社制作管理部（電話03-3239-6226）へご連絡ください。

送料弊社負担にてお取り替えいたします。

ISBN978-4-569-79096-1

映画『うまれる』のご案内

映画『うまれる』は、妊娠・出産・育児を通じて、私たちがうまれてきた意味や家族のあり方、そして〝生きる〟ことを考える、ドキュメンタリー映画です。「子どもは親を選んでうまれてくる」という子どもたちの胎内記憶をモチーフに、親との関係に悩みながら新しいいのちをうみだす夫婦、出産予定日にわが子を亡くした夫婦、望んでいたものの子どもを授かれなかった夫婦、とまどいながらも障がいを持ってうまれた子どもの成長に温かいまなざしを向ける夫婦……公式ウェブサイトから参加者を募集し、応募した約二〇〇名の中から、さまざまなかたちでいのちと向き合う四組の家族のドキュメントを中心に一年以上にわたり、撮影しました。

「いのちは尊い」「家族は大切だ」……頭でわかってはいても、心で感じる機会は、どのくらいあるものでしょうか？

自分が親を選んだのかもしれない、うまれてくるってすごいことなんだ、僕らがここでこうして息を吸っていることがどれだけ奇跡なのか。

こんなことを実感できたら、僕みたいに親子関係を改善できる人がいるかもしれないし、生きる目的がわからなくなった人も、もう一度明日から頑張ろうって思えるかもしれない。

映画『うまれる』は、見ていただいた方々の全細胞の隅々にまで、いのちのすごさが染みわたる、そんな映画にしたいと思い、毎日、魂を込めてつくってきました。

□ナレーション　つるの剛士
□企画・監督・撮影　豪田トモ
□上映場所・期間等については左記ホームページをご覧ください。　http://www.umareru.jp/